Rainer Maria Rilke, geb. am 4.12.1875 in Prag, ist am 29.12.1926 in Valmont (Schweiz) gestorben.
Diese Auswahl macht erstmals in einer Einzelausgabe mit den interessantesten Prosaarbeiten des jungen Rainer Maria Rilke bekannt. Als Motto über allen diesen Texten, von welchen einige durch ihre Sensibilität und Präzision der Beschreibung einen bleibenden Platz in der Literatur einnehmen werden, könnte stehen, was Rilke am 3.11.1899 notierte: »Ich fürchte in mir nur diejenigen Widersprüche, die eine Neigung haben zur Versöhnlichkeit.«
Die in der Folge ihrer Entstehung angeordneten Erzählungen, Skizzen und Betrachtungen dieses Bandes entstammen der Sammlung »Am Leben hin«, den verstreuten und nachgelassenen Schriften aus den Jahren 1893–1902 sowie den Betrachtungen der Jahre 1893–1905. Sie zeigen die Anfänge eines Autors, der der deutschen Sprache ein bisher unerreichtes Maß an Musikalität abgewonnen hat.
»Mitten in einer Zeit der brutalen Machtanbetung wird ein Dichter zum Vorbild, dessen Wesen Schwäche, Zartheit, Hingabe und Demut zu sein scheint, der aber aus seiner Schwäche einen Antrieb zur Größe, aus seiner Zartheit eine Kraft, aus seiner seelischen Gefährdung und Lebensangst eine heroische Askese gemacht hat. So ist er ein geliebtes und tröstendes Vorbild des Geistigen und Künstlers geworden, der sich dem Leide nicht entzieht, sondern durch es hindurch seinen Glauben, seine Lebensmöglichkeit, seinen Sieg erstreitet.« *Hermann Hesse*

insel taschenbuch 68

Rainer Maria Rilke

Wladimir, der Wolkenmaler

Rainer Maria Rilke

Wladimir, der Wolkenmaler

und andere Erzählungen, Skizzen und Betrachtungen aus den Jahren 1893-1904

Insel Verlag

Ausgewählt und zusammengestellt von Volker Michels
Vignette und Zierleisten von Aubrey Beardsley

insel taschenbuch 68
Erste Auflage 1974

Text nach der Ausgabe »Sämtliche Werke«, Bd. 4 und Bd. 5
herausgegeben vom Rilke-Archiv in Verbindung
mit Ruth Sieber-Rilke, besorgt durch Ernst Zinn
Insel Verlag Frankfurt am Main 1974
Vertrieb durch den Suhrkamp Taschenbuch Verlag
Umschlag nach Entwürfen von Willy Fleckhaus
Druck: Nomos Verlagsgesellschaft, Baden-Baden
Printed in Germany

5 6 7 8 9 10 – 89 88 87 86 85 84

Wladimir, der Wolkenmaler

Feder und Schwert

Ein Dialog

In der Ecke eines Zimmers stand ein Schwert. Die helle, stählerne Fläche seiner Klinge erglänzte, vom Strahle der Sonne berührt, in rötlichem Scheine. Stolz hielt das Schwert Umschau im Zimmer; es sah, daß alles sich an seinem Glasten weidete. Alles? – Nicht doch! Dort auf dem Tische lag, müßig an ein Tintenfaß gelehnt, eine Feder, der es nicht im mindesten einfiel sich vor der glitzernden Majestät jener Waffe zu beugen. – Das ergrimmte das Schwert und es begann also zu sprechen:

»Wer bist du wohl, nichtswürdig Ding, daß du nicht gleich den andern vor meinem Glanz dich beugst und ihn bewunderst? Sieh nur um dich! Alle Geräte stehen ehrfurchtsvoll in tiefes Dunkel gehüllt. Mich allein, mich hat die helle beglückende Sonne zu ihrem Liebling erkoren; sie belebt mich mit ihrem wonnigen Flammenkusse, und ich lohne ihrs, indem ich ihr Licht tausendfach widerstrahle. Mächtigen Fürsten nur ziemt es, in leuchtendem Gewande daherzuschreiten. Die Sonne kennt meine Macht, darum legt sie mir den königlichen Purpur ihrer Strahlen um die Schultern.«

Lächelnd erwiderte drauf die besonnene Feder:

»Sieh doch, wie eitel und stolz du bist und wie du dich brüstest mit dem erborgten Glanze! Sind wir doch beide – besinne dich – ganz nahe Verwandte. Beide hat uns die sorgende Erde geboren, beide sind wir im Urzustand vielleicht im selben Gebirge neben einander gestanden – Jahrtausende lang; bis der Menschen geschäftiger Fleiß die Ader des nützlichen Erzes, deren Bestandteile wir waren, entdeckte. Beide nahm man uns weg; beide sollten wir, ungefüge Kinder der rauhen Natur noch, ober der Hitze der dampfenden Esse, unter des Hammers mächtigen Schlägen zu nützlichen Gliedern des irdischen Treibens umgeschaffen werden. Und so auch geschah es. Du wurdest ein Schwert – bekamst eine große und feste Spitze; ich, eine Feder, wurde mit einer dünnen, zierlichen bedacht. Sollen wir wirklich schaffen und wirken, müssen wir uns erst die glänzende Spitze benetzen. Du – mit dem Blute, ich – nur mit – Tinte!«

»Diese Rede, in gelehrtem Stile gehalten«, fiel nun das Schwert ein, »macht mich lachen fürwahr. Ist es doch grade, als wollte die Maus, das kleine nichtige Tierchen, ihre nahe Verwandtschaft mit dem Elefanten beweisen. Die spräche dann so wie du! Denn auch sie hat gleich dem Elefanten vier Beine und hat sich sogar eines Rüssels zu rühmen. So könnte man glauben, sie seien zum wenigsten Vettern! Du hast, liebe Feder, sehr schlau und berechnend jetzt *das* nur genannt, worin ich dir *gleiche*. Ich aber will dir erzählen, was uns unterscheidet. Ich, das glänzende, stolze Schwert, werde um die Hüfte geschnallt von einem kühnen, edlen Ritter; dich aber dich steckt ein altes Schreiberlein hinter sein langes Eselsohr. Mich erfaßt mein Herr mit kräftiger Hand und trägt mich in die Reihen der Feinde; *ich* führe ihn hindurch. Dich, beste Feder, führt dein Magister mit zitternder Hand über vergilbtes Pergament. Ich wüte furchtbar unter den Feinden, springe mutig, tollkühn bald hier, bald hin; du kratzest in ewiger Monotonie über dein Pergament hin und wagst dich nicht ein Stückchen aus jenen Bahnen, die dir die führende Hand vorsichtig weist. Und endlich, endlich – geht meine Kraft zu Ende, werde ich alt und schwach, dann ehrt man mich, wie es Helden geziemt, stellt mich im Ahnensaale zur Schau und bewundert mich. Was aber geschieht mit dir? Ist dein Herr mit dir unzufrieden, wirst du alt und beginnst du mit dicken Strichen über das Papier hinzukreuchen, packt er dich, entreißt dich dem Stiele, der dir Stütze war, und wirft dich weg, wenn er nicht Gnade übt und dich mit ein paar deiner Schwestern um wenige Kreuzer einem Trödler verkauft.«

»Du magst ja in mancher Beziehung«, versetzte die Feder sehr ernst, »so unrecht nicht haben. Daß man mich oft gering schätzt, ist ja wahr, ebenso wie, daß man mich, nachdem ich unbrauchbar geworden bin, sehr übel behandelt. Doch deswegen ist die Macht, die mir zu Gebote steht, solange ich arbeiten kann, keine geringe. Es kommt ja nur auf eine Wette an!«

»Du wolltest *mir* eine Wette anbieten?« lachte das übermütige Schwert.

»Wofern du wagst, dieselbe anzunehmen.«

»Und *ob* ich sie annehme«, versetzte das Schwert, das sich noch immer nicht vom Lachen erholen konnte. »Was gilt die Wette?«

Die Feder aber setzte sich zurecht, nahm eine strenge Amtsmiene an und begann:

»Wir wollen wetten, daß ich imstande bin, dich zu hindern, deiner Arbeit, dem Kampfe, nachzugehen, wenn ich will!«

»Ho, ho, das klingt ja kühn.«

»Bist du's zufrieden?«

»Ich gehe darauf ein.«

»Nun wohl«, sagte die Feder, »laß uns sehen.«

Es waren wenige Minuten seit dem Abschlusse dieser Wette vergangen, als ein junger Mann in reichem Waffenkleide eintrat, das Schwert faßte und sich dasselbe anlegte. Hierauf betrachtete er wohlgefällig die blanke Klinge. Von draußen erschallte heller Trompetenruf, Trommelwirbel – es ging zur Schlacht. Eben wollte der junge Mann das Zimmer verlassen, als ein anderer, der eine hohe Stelle bekleiden mußte, wie man aus seinem reichen Schmucke ersah, eintrat. Der junge verneigte sich tief vor ihm. Der Würdenträger war indessen an den Tisch getreten, hatte die Feder erfaßt und eilends etwas hingeschrieben. »*Der Friedensvertrag ist schon unterzeichnet*«, sagte er lächelnd. Der Jüngere stellte sein Schwert wieder in die Ecke, und beide verließen das Zimmer.

Auf dem Tische aber lag die Feder. Der Sonnenstrahl spielte mit ihr, und ihr feuchtes Erz glitzerte hell.

»Ziehst du nicht zum Kampfe, mein liebes Schwert?« fragte sie lächelnd.

Das Schwert aber stand still in der finsteren Ecke. Ich glaube, es prahlte nie wieder.

(1893)

Die Näherin

... Es war im April des Jahres 188.. Ich war gezwungen meine Wohnung zu wechseln. Mein Hausherr hatte sein Haus verkauft und der neue Besitzer war entschlossen, das Stockwerk, in welchem mein bescheidenes Zimmer sich befand, ungeteilt zu vermieten. Ich suchte lange nach einem anderen erfolglos. Endlich nahm ich des Suchens müde fast ungeschaut ein Kämmerchen im dritten Stocke eines Gebäudes, dessen Längsseite keinen unbedeutenden Teil der engen Seitengasse einnahm.

Mein Zimmer erschien mir gleich in den ersten Tagen recht heimlich. Durch die beiden kleinen Fenster, deren vielfach geteilte Scheiben das alter des Hauses erraten ließen, schaute ich weit über graue und rote Dächer, über rußige Schornsteine hinweg die blauen Berge und konnte die aufgehende Sonne betrachten, die als glühende Kugel auf dem verschwommenen Hügelrande lehnte. Meine eigenen Möbel, die ich hatte herbeischaffen lassen, machten den beengten Raum wohnlicher, als ich anfangs hoffte, und die Bedienung, die die Hausbesorgerin übernommen hatte, ließ nichts zu wünschen übrig. Die Treppe war nicht allzusteil und konnte unmerklich erstiegen werden, ja, wenn ich in Gedanken hinanschritt, fühlte ich mich gar verleitet, bis auf den Dachboden zu klimmen. Kurzum ich war zufrieden, zumal in dem dunklen Hofe weder Kinder spielten noch – Leierkästen.

Jahre sind ins Land gegangen seither. – Die Zeit, von der ich erzähle, liegt für mich im Dämmern der Vergangenheit, und die grellen Farben der Ereignisse sind verblaßt und verschwommen. Mir ist, als spräche ich von einer Begebenheit, die nicht mir selbst, sondern einem Anderen, vielleicht einem guten Freunde zugestoßen ist. Ich muß daher nicht befürchten, daß mich die Selbstliebe zu einer Lüge verleitet: ich schreibe offen, klar und wahrheitsgemäß.

Ich war nicht viel zuhause damals. Früh um halb acht ging ich ins Amt, speiste mittags in einem billigen Gasthause und verbrachte so oft es anging den Nachmittag im Hause meiner Braut. Ja, ich war verlobt damals. Hedwig – ich will sie so nennen – war jung, liebenswürdig, gebildet und – was in den Augen meiner Genossen am schwersten ins Gewicht fiel – reich. Sie entstammte einer älteren Kaufmannsfamilie, die es durch Sparsamkeit und Fleiß endlich dahin gebracht hatte, ein Haus zu führen, das auch die jungen Kavaliere gerne besuchten, weil bei aller Vornehmheit ein ungezwungener Frohsinn dort herrschte, der die Langeweile nicht aus den Teetassen steigen ließ. Die jüngste Tochter des Hauses, Hedwig, war übrigens jedermanns Liebling, weil sie mit ihrer Bildung eine gewisse liebenswürdige Leichtfertigkeit vereinte, die die gleichgiltigste Unterhaltung interessant und reizvoll machte. Sie besaß mehr Herz und Gemüt, als die beiden älteren Schwestern, war aufrichtig, heiter, und – es ist gewiß, daß ich sie liebte. –

Ich kann offen reden. Sie heiratete später, ein Jahr nachdem das Verlöbnis gelöst war, einen jungen, adligen Offizier, starb aber, nachdem sie ihm das erste Kind, ein blondlockiges Töchterchen, geschenkt hatte. –

In ihrem Elternhause, wo sich täglich eine größere Gesellschaft befand, blieb ich gewöhnlich bis gegen die sechste Abendstunde, machte dann meinen Spaziergang, besuchte das Theater und kehrte um zehn Uhr nachts nachhause zurück, um den nächsten Tag dieselbe Lebensweise fortzuführen.

Früh, wenn ich meine drei Treppen langsam niederstieg, traf ich auf dem Vorraume des ersten Stockes stets den Hausbesorger, der die weißen Steinfließen reinigte. Er grüßte und begann ein Gespräch. Tag für Tag dasselbe. Vom Wetter erst, dann, wie ich zufrieden sei mit meiner Wohnung und dergleichen. Da der Alte nie enden wollte, fragte ich ihn immer nach seinen Kindern, worauf er seufzte und zwischen zusammengepreßten Zähnen hervorstieß: »'s ist ein Kreuz! Die machen Sorge, Herr!« Damit wars zu Ende. – Einmal, an einem Dienstag, erkundigte ich mich, nur um etwas zu sagen, wer denn neben mir wohne. – Die Frage ward beantwortet, just wie sie gestellt war: nur so – oben hin. »Eine Nähterin, ein armes Ding, ein häßliches...« murrte er, ohne vom Boden aufzusehen. Das war Alles.

Ich hatte diese Auskunft längst vergessen, als ich sie – die Näherin, wie ich damals richtig vermutete – im dämmerigen Flur des Hauses traf. An einem Sonntagvormittag war es. Ich hatte länger geschlafen und ging eben aus, während sie, ein kleines Buch in der Hand, wahrscheinlich aus der Kirche zurückekehrte. Eine armselige Gestalt: zwischen den spitzen Schultern, die ein verschossener, grüner, fast bis zur Erde reichender Mantel deckte, wiegte sich der Kopf, in dem zuerst die lange, dünne Nase und die hohlen Wangen auffielen. Die schmalen, leicht geöffneten Lippen zeigten unsaubere

Zähne, das Kinn war eckig und sprang weit vor. Bedeutend in diesem Gesichte schienen nur die Augen. Nicht daß sie schön gewesen wären, aber sie waren groß und sehr schwarz – wennauch glanzlos. So schwarz, daß das tiefdunkle Haar fast grau erschien. – Ich weiß nur, daß der Eindruck, den dies Wesen auf mich machte, keineswegs ein angenehmer war. Ich glaube sie sah mich nicht an. Indessen blieb mir keine Zeit über diese gleichgiltige Begegnung weiter nachzudenken, da ich knapp vor dem Tore einem Freunde in die Hände fiel, in dessen Gesellschaft ich den ganzen Vormittag verbrachte. Dann vergaß ich überhaupt, daß ich eine Nachbarin hatte, zumal es, trotzdem wir hart Tür an Tür waren, nebenan Tag und Nacht ganz stille blieb. – So wäre es wohl fortgegangen, wenn nicht eines Nachts durch Zufall – oder wie soll ich es nennen – das Unerwartete, Niegeahnte geschehen wäre.

Im Hause meiner Braut fand in den letzten Tagen des April eine Gesellschaft statt, die, lange besprochen und vorbereitet, ganz trefflich verlief und bis spät in die Nacht dauerte. Gerade an jenem Abend hatte ich Hedwig entzückend gefunden. Ich plauderte lange mit ihr im kleinen, grünen Salon, und hörte voll Freude, wie sie halb ironisch, aber voll kindlicher, inniger Naivität das Bild unseres zukünftigen Hausstandes entwarf, wie sie all die kleinen Freuden und Leiden mit den grellsten Farben malte, und sich auf unser Glück freute, wie ein Kind auf den Christbaum. Ein angenehmes Gefühl der Zufriedenheit durchstrahlte wie eine wohltuende Wärme meine Brust, und auch Hedwig gestand damals, mich noch nie so heiter gesehen zu haben. – Dieselbe Stimmung beherrschte übrigens die ganze Gesellschaft: Toast folgte auf Toast. So kam es denn, daß man sich um drei Uhr morgens immer noch recht ungern trennte. – Drunten fuhr Wagen um Wagen vor. Die wenigen Fußgänger zerstreuten sich bald nach allen Seiten. Ich hatte mehr denn eine halbe Stunde zu gehen und so beschleunigte ich ziemlich meine Schritte, umsomehr, als die Aprilnacht kalt und nebeldüster war. Ich war mit meinen Gedanken beschäftigt und es schien mir gar nicht so lange gedauert zu haben, als ich schon vor der Haustür stand. Langsam sperrte ich auf und schloß das Tor vorsichtig hinter mir. Brannte dann ein Zündholz an, welches mir durch die Vorhalle bis zur Treppe leuchten sollte. Es war übrigens das letzte, das ich besaß. Es löschte bald. Die Treppe tappte ich, immer noch der schönen Stunden des vergangenen Abends denkend, hinan. Nun war ich oben. Ich steckte den Schlüssel in die Tür, drehte einmal um, öffnete langsam......

Da stand *sie* vor mir. Sie. – Eine matte, fast herabgebrannte Kerze erhellte dürftig das Zimmer, aus dem mir ein unangenehmer Dunst von Schweiß und Fett entgegenschlug. Sie stand in einem schmutzigen, weitoffenen Hemde und einem dunklen Unterrock am Ende des Bettes, schien gar nicht erstaunt und blickte mich nur unverwandt mit starren Augen an. –

Ich war offenbar in ihr Zimmer geraten. Aber ich war so befangen, so festgebannt, daß ich nicht ein Wort der Entschuldigung sagte, aber auch nicht ging. Ich weiß, daß mich ekelte; aber ich blieb. Ich sah wie sie an den Tisch trat, den Teller mit den verstreuten Überresten eines zweifelhaften Mahles beiseite schob, vom Sessel die Kleider wegnahm, die sie ausgezogen, – und mich setzen hieß. Mit leiser Stimme, indem sie sagte: »Kommen Sie.«

Auch der Klang dieser Stimme war mir zuwider. Aber wie einer unbekannten Macht folgend, gehorchte ich. Sie sprach. Ich weiß nicht worüber. – Dabei saß sie am Rande ihres Bettes. Ganz im Dunkel. Ich sah nur das bleiche Oval dieses Gesichts und hie und da, wenn die verlöschende Kerze auflohte, die großen Augen. – Dann erhob ich mich. Ich wollte gehen. Die Klinke an der Tür leistete Widerstand. Sie kam mir zuhilfe. Da – in meiner Nähe glitt sie aus, – und ich mußte sie auffangen. Sie schmiegte sich an meine Brust, und ich fühlte ganz nahe ihren glühenden Atem. Er war mir unangenehm. Ich wollte mich los machen. Allein ihre Augen ruhten so starr in den meinen, als webten diese Blicke ein unsichtbares Band um mich. Sie zog mich immer mehr an sich, immer mehr. Sie drückte heiße, lange Küsse auf meine Lippen... Da verlöschte die Kerze. –

Am anderen Morgen erwachte ich mit schwerem Kopf, Kreuzschmerzen und bitterer Zunge. Neben mir in den Kissen des Bettes schlief sie. Das blasse eingefallene Gesicht, der magere Hals, dieser flache entblößte Busen flößte mir Schrecken ein. Ich richtete mich langsam auf. Die dumpfige Luft lastete auf mir. Ich blickte mich um: der schmutzige Tisch, der abgenutzte, dünnbeinige Sessel, die eingegangene Blume auf dem Fensterbrett – Alles machte den Eindruck des Elenden, Verkümmerten. Da regte sie sich. Sie legte wie träumend eine Hand auf meine Schulter. Ich betrachtete diese Hand; die langen dickknöcheligen Finger mit den schmutzigen, kurzen, breiten Nägeln, die Haut an den Spitzen braun und zerstochen... Mich ergriff ein Abscheu vor diesem Wesen. Ich sprang empor, riß die Tür auf, und rannte in mein

Zimmer. Dort ward mir leichter. Noch weiß ich, daß ich bei meiner Tür den Riegel vorschob – so weit es ging. –

Tag um Tag verging in ganz derselben Weise, wie früher. Einmal, vielleicht eine Woche später, als ich mich schon zu Ruhe begeben hatte, stieß ich zufällig mit dem Ellenbogen gegen die Wand. Ich vernahm, daß dieses unabsichtliche Klopfen sofort beantwortet wurde. Ich blieb still. – Dann schlummerte ich ein. Im Halbschlaf plötzlich schien mir, daß meine Tür geöffnet würde. Im nächsten Augenblick fühlte ich einen Körper, der sich an mich schmiegte. Sie war bei mir. In meinen Armen verbrachte sie die Nacht. Ich wollte sie fortschicken, oft. Aber sie blickte mich mit ihren großen Augen an, und das Wort erstarb auf der Lippe. O es war entsetzlich, die warmen Glieder dieses Wesens neben mir zu fühlen, dieses häßlichen, frühgealterten Mädchens; und doch fand ich nicht die Kraft...

Manchmal begegnete ich ihr im Treppenhause. Sie ging an mir vorbei, wie zum ersten Male: – wir kannten uns nicht. Sehr oft kam sie zu mir. Leise, ohne ein Wort zu sprechen, trat sie ein und hielt mich gebannt durch ihren Blick. Ich war willenlos.

Endlich beschloß ich der Sache ein Ende zu machen. Mir kam es wie ein Verbrechen vor gegen meine Braut, das Bett mit diesem Weibe zu teilen, das sich mit solcher Aufdringlichkeit an mich schmiegte, und das doch nichteinmal – das Recht der Liebe besaß! –

Ich kam viel zeitiger nachhause und verriegelte sofort meine Türe. Als die neunte Abendstunde heranrückte, kam sie. Da sie die Tür versperrt fand, ging sie wieder weg; sie mochte wähnen ich sei nicht zuhause. Aber ich war unvorsichtig. Ich schob den schweren Schreibtischsessel etwas jäh zurück. Das mußte sie vernommen haben. Im nächsten Augenblick pochte es. Ich blieb still. Noch einmal. Dann ungeduldig ohne Unterlaß. Jetzt hörte ich sie schluchzen – lange, lange ... Die halbe Nacht mußte sie an meiner Türe verbracht haben. Aber ich war stark geblieben; ich fühlte, daß dieses Ausharren den Zauber gebrochen hatte. –

Den nächsten Tag traf ich sie auf der Treppe. Sie ging sehr langsam. Als ich ganz in ihrer Nähe war, schlug sie die Augen auf. Ich erschrak: In diesen Augen lag ein unheimliches Flimmern und Drohen... Ich lachte über mich selbst. – Ich war doch ein rechter Tor! Dieses Mädchen! Und ich schaute ihr nach, wie sie so schwerfällig die Füße auf die Steinstufen setzte und hinabhinkte......

Am Nachmittage brauchte der Chef meiner, so daß der gewohnte Besuch bei Hedwig unterbleiben mußte. Abends, als ich in meine Stube kam, fand ich einen Brief des Vaters meiner Braut vor, der mich in das größte Erstaunen versetzte. Er lautete:

»...... Unter den obwaltenden Verhältnissen werden Sie es begreifen, daß ich mich zu meinem eigenen, größten Bedauern gezwungen sehe, die Verlobung mit meiner Tochter aufzuheben. Ich dachte Hedwig einem Manne anzuvertraun, den keine anderweitigen Verpflichtungen binden. Derartige Erfahrungen seinem Kinde möglichst zu ersparen, ist Vaterpflicht. Sie werden, geehrter Herr von B.........., mein Vorgehen verstehen, wie auch ich überzeugt bin, daß Sie mich selbst gewiß noch rechtzeitig von der Lage der Dinge unterrichtet hätten. – Im Übrigen stets der Ihre.....«

Wie mir zumute war, ist schwer zu beschreiben. Ich

liebte Hedwig. Ich hatte mich in die Zukunft, die sie selbst so reizend entworfen hatte, schon eingelebt. Ich konnte mir mein Schicksal ohne sie nicht denken. Ich weiß, daß mich zuerst ein heftiger Schmerz übermannte, der mir Tränen in die Augen trieb, ehe ich Zeit fand nachzudenken, welchem Einflusse ich diese sonderbare Zurückweisung zu verdanken hatte. Denn sonderbar war sie auf jeden Fall. – Ich kannte Hedwigs Vater, der die Gewissenhaftigkeit und Gerechtigkeit selbst war, und wußte, daß nur ein bedeutendes Ereignis ihn zu diesem Vorgehen bewogen haben konnte. Denn er achtete mich und war zu besonnen mir Unrecht zu tun. Ich schlief die ganze Nacht nicht. Tausend Gedanken durchkreuzten meinen Kopf. Endlich gen Morgen entschlummerte ich vor Müdigkeit. Beim Erwachen bemerkte ich, daß ich vergessen hatte, die Tür zu verriegeln. Indessen sie war nicht bei mir gewesen. Ich atmete erleichtert auf.

Ich kleidete mich eilig an, entschuldigte für ein Paar Stunden mein Fernbleiben vom Amte und eilte zur Wohnung meiner Braut. Ich fand das Tor verschlossen, und als auf mein wiederholtes Läuten niemand erschien, dachte ich sie seien ausgefahren. Der Hausbesorger könnte ja leicht im Hofe beschäftigt sein, wo er die Glocke nicht hörte. – Ich beschloß am Nachmittage zur gewöhnlichen Stunde zu kommen. So tat ich auch. – Der Hausbesorger öffnete, machte erstaunte Augen und sagte, ich müßte ja doch wissen, daß die Herrschaften abgereist seien. Ich erschrak, tat aber, als sei ich von Allem unterrichtet, und verlangte nur Franz, den alten Diener, zu sprechen. Der erzählte mir denn auch haarklein, daß Alle, Alle abgereist sei'n, nachdem gestern nachmittag eine merkwürdige Szene sich abgespielt hätte.

»Ich stand«, so sprach er, »hier im Vorraum, putzte die Tafelbestecke, als ein Frauenzimmer heruntergekommen und elend eintrat und mich ersuchte, sie zu Fräulein Hedwig zu führen. Natürlich gab ich nicht nach, – man muß die Leute doch erst kennen...« Ich nickte eifrig. – Mir kam ein Gedanke... »Na und kurz und gut«, fuhr der schwatzhafte Alte fort, »sie machte auf meine Weigerung hin solange ein Geschrei und Gezeter, bis der gnädige Herr heraustrat. Den bat sie nun und beschwor, sie bringe wichtige Nachrichten. Er nahm sie in sein Cabinet. Eine Stunde blieb sie drin. Eine Stunde, gnädiger Herr! Dann kam sie heraus, küßte dem gnädigen Herrn die Hand...«

»Wie sah sie aus?« unterbrach ich ihn.

»Blaß, mager, häßlich.«

»Groß?«

»Recht groß.«

»Augen?«

»Schwarz, auch die Haare.« Der Alte schwatzte noch weiter. Ich wußte genug. – Alle Worte des entsetzlichen Briefes wurden mir klar: Bitterer Groll regte sich in mir. Ich ließ den Diener stehen und stürzte hinab. Ich lief durch die Straßen bis zu meinem Hause. Vor dem Tor standen ein paar Leute beisammen. Männer und Weiber. Sie sprachen heftig und leise. Ich stieß sie rauh beiseite. Dann drei Treppen hinan ohne Atemholen. Ich mußte zu ihr, ihr sagen... Ich wußte nicht was ich sagen würde, aber ich fühlte, daß mir die rechte Zeit die rechten Worte leihen werde...

Auch auf der Treppe begegnete ich Männern. Ich achtete ihrer nicht. Oben. – Ich riß die Tür auf. Heftiger Carbolgeruch drang mir entgegen. Ein hartes Wort erstarb mir auf den Lippen. Da lag sie auf den grauen Linnen des Bettes in bloßem Hemde. Den Kopf weit zurück, die Augen geschlossen. Die Hände hingen schlaff. Ich trat näher. Sie zu berühren wagte ich nicht. – Mit den klaffenden Lippen und den unterlaufenen Augenlidern machte sie ganz den Eindruck einer Ertrunkenen. Mich schauerte. Ich war allein im Zimmer. Die scheidende, kalte Sonne beschien den schmutzigen Tisch – den Bettrand... Ich beugte mich zu dem Weibe. Ja, sie war tot. Die Farbe des Gesichtes war bläulich. Ein übler Geruch ging von ihr aus. Und ein Ekel erfaßte mich, ein Abscheu..

(1894)

Ein Charakter

Skizze

So ein rechter Begräbnistag. Feucht, finster, dickatmig. – Der vierspännige Totenwagen rollte schwer über die glatten, runden Pflastersteine, die im Herbstlicht wie kahle Schädel glänzten, und seine Räder furchten tief die grauen, schmutzigen Lachen. Die Knechte der Leichenbestattungsanstalt trollten mürrisch mit den schwelenden Lichtern nebenher. Ihnen folgte die Menge der Leidtragenden. Von den Frauenzimmern zeugte nur eine dichte Reihe schwarzer Schleier, die sich wie berußte Spinngewebe zwischen dem Leichenkarren und den blanken Cylinderhüten der männlichen Trauergäste ausspannten. – Die vorzüglichste Beschäftigung der ganzen, tiefbetrübten Gesellschaft war, Kleider und Hosen vor dem aufspritzenden Kot zu hüten; mit rührender Aufmerksamkeit tappten sie nach denjenigen Steininseln, die am meisten aus der unermeßlichen Flut aufragten; und auf so manchem Gesichte stand der wohlwollende Wunsch zu lesen, der Selige hätte besseres Wetter für seine beschwerliche Reise abwarten mögen. – Zwei Herren nur, die in der dritten Reihe gingen, unterhielten sich ziemlich rege. An den Mienen konnte man ablesen, daß sie menschlich-milde Musterung hielten über des Verstorbenen Taten und Erlebnisse. – Das endliche Ergebnis schien recht befriedigend. Sie nickten sich zu mit jenem ernsten Blick, der bei Leichenbegängnissen und anderen öffentlichen Festlichkeiten das geheime Erkennungszeichen biederer Männer bildet. – Dann strich der eine sich die Falten im Gesichte glatt und raunte mit schwerwiegender Bewegung des rechten, schwarzen Handschuhs: »Ein Charakter.« – Der Nachbar fand diesen Ausdruck so treffend, daß er nur imstande war, denselben mit verstärkter Betonung nachzusprechen: »Ein Charakter.« – Und jetzt noch einmal der Biedermannsblick; dabei trat der eine so heftig in eine Pfütze, daß sein Hintermann ein unwilliges Gebrumm vernehmen ließ. Dann sprach keiner von beiden mehr ein Wort. Es ward still. Nur die Räder des Totenwagens knarrten, und die getretnen Lachen glucksten leise. –

Der »Charakter« war zur Welt gekommen als Sohn eines Mannes von mäßigem Wohlstande. Herr M., der Vater, besaß ein kleines Haus, einen großen Ehrbegriff und ein züchtiges Ehweib. Also ziemlich viel. –

Noch atmete der kleine M. nicht die Carbolluft der Wöchnerinnenstube, als die Frauen, welche der jungen Mutter beistanden, schon unter einander Blicke tauschten und tuschelten: »s' wird ein Bub.« Sie verfolgten jede Bewegung der Frau, um in immer erregterem Tone ihre Vermutung auszusprechen. Und als endlich auf die brennende Frage die lebendige, rotbraune, faltige Antwort kam, – da wars ein Bub! – Der kleine M. wuchs und ward wie jeder andere; es kam die Zeit, da sich seine weichen Vorderfüßchen in ebensolche Hände umwandelten, und da die Finger dieser Hände nicht mehr auf den Dielen kribbelten, sondern mit Vorliebe sich in Mund und Nase aufhielten. – Darauf folgten die Jahre der Christbäume und Schaustellungen. – Der Knabe wurde jede Woche ein- bis zweimal in die eiskalte ›gute Stube‹ gerufen; dort glotzte man ihn an, betastete ihm Haare, Wangen und Kinn, lehrte ihn fein artig Pfoten reichen und gegebenen Falls seinen klangvollen Vornamen mit bescheidener Größe aussprechen. Alle Welt fand ihn allerliebst, dem Vater, der Mutter, dem oder jenem Oheim »aus dem Gesicht geschnitten«, und wenige schieden ohne die erhabene Weissagung, der Knabe wird sich gewiß auch in der Schule seinerzeit sehr brav erweisen. Der Kleine hatte diesen Ausdruck hellseherischer Bewunderung oft genug vernommen. Und ohne viel Mühe, ja, ohne eigentlich zum Bewußtsein seines Erfolges zu kommen, überstand er die Volksschule, kletterte mit rühmenswerter, etwas pedantischer Sicherheit die acht Sprossen der Gymnasialleiter aufwärts und ging dann noch ein Jahr in den Hörsälen der Universität ein und aus, worauf er in der Stille der väterlichen Schreibstube verloren ging. – Eines Tages munkelte man, der junge M. werde die Leitung des Geschäftes aus den Händen seines alternden Erzeugers nehmen, und kurz darauf geschahs. Der Vater starb bald, und der neue Herr wußte das Ansehen des Hauses zu wahren durch strenge Pünktlichkeit und ziemlichen Fleiß. – Oft vernahm der unschlüssige Kaufmann aus dem Munde seiner Freunde, daß man sich erzähle, er habe große Unternehmungen vor, und staunender Bewunderung voll über den ihm zugeschriebenen Tatendrang begann er wirklich so manchen von seinen unterschobenen Plänen auszuführen; und so mancher gelang. So ging Jahr um Jahr hin. – Die Verwirklichung der ihm vom Gerede der Menge zugesprochenen Absichten hatte seinen Wohlstand bedeutend vergrößert und nichts war natürlicher, als daß die Munkelmänner sich von der bevorstehenden Verlobung M.'s manches zuraunten. Das Gerücht kam zu seinen Ohren; er wandte von da ab fast unwillkürlich seine Aufmerksamkeit der bezeichneten Braut zu, und in wenigen Wochen rieselte das säuselnde »Ja« der Erwählten in den rauschenden Brummbaß des jungen Gatten. Er hatte auch diesmal nicht die Erwartung der Leute getäuscht; er war ja doch ein Charakter!

Längere Zeit planten die guten Bürger in M.'s Wohn- und Vaterstadt den Bau eines Theaters. Nun weiß jedermann, daß noch kein Bühnenhaus aus gutem Willen, sondern sogar die allereinfachsten wenigstens aus – schlechten Brettern errichtet worden sind. Von dem ersteren Material besaßen die Leute genug, zur Beschaffung des letzteren fehlte das Geld. Die fürsorglichen Stadtväter setzten die gerunzelten Stirnen früh morgens auf, und es wurde übel genug vermerkt, wenn einer das Zeichen ernster Würde abends beim Biertisch aufzubehalten vergaß.

Wie ein Frühlingssturm flog da einst das Gerücht durch die Stadt, M. habe beschlossen, das zum Baue des Musentempels nötige Geld vorzustrecken. Und wie der Lenzwind die Vogelstimmen wachweckt, so rief diese Nachricht allenthalben klangreiches Lob hervor. Eine Abordnung des Stadtrates, das tauige Winterapfelgesicht des Herrn Bürgermeisters an der Spitze, trat wenige Stunden später in die Stube des Gönners. – Das Oberhaupt dankte von beständigem Freudeglucksen unterbrochen für das hochherzige Geschenk. M. stand eine Weile ratlos da. Bald aber erriet er den Sinn dieser Freudebezeugung. Ein leichter Schatten zog über seine

Stirne. – Schon wollte er sich dieser Zumutung erwehren; dann aber fiel ihm ein, daß er durch diese scheinbare Wankelmütigkeit sich und sein Haus schädigen könne, und mit sauer-süßem Lächeln nahm er den Kontrakt entgegen, auf welchem eine nicht unbedeutende Summe verzeichnet stand. So wuchs der Ruhm und Ruf M.'s von Jahr zu Jahr. Seit man in ihm nun auch den Kunstfreund erkannt hatte, erzählte man bald von dem, bald von jenem einheimischen Talent, das durch M.'s hochherzige Unterstützung gefördert worden sei.

Nur ein Einzigmal hätte der »Charakter« die Erwartungen der Leute fast betrogen. Man sprach heimlich von einem »freudigen Ereignisse«, das im Hause M. »bevorstehe«. Und neugierige Blicke folgten der jungen Frau, sobald sie sich auf der Straße zeigte. Der edle Kaufherr gab sich denn auch alle redliche Mühe, die Menge recht bald zufriedenzustellen. Allein diesmal ward ihm das Glück untreu. Mit unwilligem Staunen stellten die guten Bürgerinnen fest, daß die M. noch immer anschließende Jacken trage, und daß da nichts »los sein« könne. Dann tuschelten sie leise und doch vernehmlich genug, eine Franzensbader Kur könne nichts schaden. Und siehe da, als Herr M. auch diesmal – wie hätte es anders sein können – die öffentliche Meinung zu der seinigen gemacht hatte, hielt sein Weibchen ganz genau nur die vorgeschriebene Zeit ein, um an die Stelle der anschließenden Jacken einen Radmantel treten zu lassen. Der »Charakter« war gerettet.

Der Ruf des Ehrenmannes M. war bald über die Marken der Stadt gedrungen. Lang sprach man schon von einem Orden. Der bekannte Kaufherr tat jetzt auch die nötigen Schritte, und es ward ihm nicht zu schwer, in einigen Monaten mit vollem Knopfloch und leerem

Gerede den ergebenen Gratulanten seinen innigen Dank zu sagen.

Auf einer winterlichen Geschäftsreise zog sich M. eine heftige Verkühlung zu, die ihn aufs Krankenlager warf. Ein Lungendefekt, von dem sein Arzt schon vor zwanzig Jahren gefaselt hatte, machte sich jetzt geltend. Es wurde von Tag zu Tag schlimmer. Seine Frau besuchte ihn mit zurückhaltender Teilnahme. Der Kranke will Ruhe, pflegte sie zu sagen, wenn sie im gemütlichen Wohnzimmer neben den von Trost überfließenden Nachbarinnen saß.

Eines Morgens wurde der Schwerkranke aus schwülen Fieberträumen durch lärmende Stimmen emporgerissen. Er fuhr auf, starrte irren Blicks umher und fragte mit matter Stimme die Barmherzige Schwester, was das solle. Und als diese schwieg und ihm Ruhe gebot, läutete er seinen alten Diener herbei und stellte ihm dieselbe Frage.

Der hielt auch nicht hinterm Berge, kratzte sich den Kopf und polterte:

»Mein Gott, das dumme Pack sagt alleweil, der Herr ist schon tot; denen solls der Teufel ausreden ...« und er schlürfte wieder hinaus.

Der Fiebernde schaute ihm groß nach. –

Dann legte er sich auf die linke Seite und schlief ein ...

Er war eben ein Charakter.

(1895/96)

Das Ereignis

Eine ereignislose Geschichte

Man saß beim Tee bei Frau von S......– Auf dem blendend weißen Tischtuche stand der mächtige russische ›Samovar‹ und begleitete mit melodischem Summen die Gespräche. Die Ereignisse des Tages waren nach allen Seiten gewendet und gedreht worden, die Kunstausstellungen und Theater boten keinen allzureichen Stoff im Frühherbst. Es drohte eine jener Pausen einzutreten, welche wie dicke Luft alle bedrückt und ängstigt, und in welche dann die Kaffeelöffel und Tassen laut und gellend hineinklingen.

Aber die Hausfrau empfand die Gefahr. Frau von S......, eine noch junge, rotblonde Witwe, machte den Vorschlag, jeder sollte die interessantesten Begebenheiten seines Lebens erzählen. Beifall.

Ein junger Mann, von des Zufalls und weiland seines Papas Gnaden Baron, – begann. –

Er näselte ein paar Abenteuer, mühsam und von dem Lachen über die Fürtrefflichkeit seines eigenen Witzes immer wieder unterbrochen, hervor; Abenteuer, deren Szenerie immer ›Bretter‹ oder ›Brettchen‹ von der Bedeutung der Welt, deren Hauptpersonen jene Damen mit den kurzen Röcken und dem kurzen Verstand, mit leichten Füßen und noch viel leichterem Herzen waren. – Mehrere Male war die Dame vom Hause gezwungen zu hüsteln, wenn der glattrasierte, blinzelnde Freiherr sich allzu eingehender Detailmalerei befleißigte. Dann kniff er wie beschämt seine farblosen Augen zusammen und errötete bis an die spärlichen mattblonden Haupthaare.

Endlich hatte er geendet. – Er meckerte in seiner Weise ein Lachen vor sich hin. Die Herren lachten mehr oder weniger herzlich mit, die Damen hatten die Teetassen an den Lippen, so daß man ihre Mienen nicht gut betrachten konnte.

Hierauf polterte ein Major ein paar Erinnerungen wach, sprach, lachte, fluchte und kommandierte in einem fort, ohne Rast, daß es klang wie Kleingewehrschnellfeuer ...

Und dann Der und Jener.

Einer wußte auch von Ägypten zu erzählen. Lebendig schilderte er die Wüstenreise mit ihren Schrecken und Fährlichkeiten.

Dann lehnte er sich zurück, sprach mit leiser, weicher Stimme von den Mondnächten am Nil und der Pracht der Lotos.

Eine träumerische Rührung lag über allen, als er geendet. –

»Und nun kommt die Reihe an Sie, Herr Savant«, wandte sich die Frau vom Hause an einen etwa dreißigjährigen blassen Mann.

Er erhob bei der Aufforderung sein großes, graues Auge.

Um seine Lippen huschte unstät ein Lächeln.

Ein irres, müdes Lächeln.

Wie ein Mondstrahl in einer Herbstnacht durch ein Distelfeld geht.

Aller Augen waren auf ihn gerichtet.

Er betrachtete jetzt seine Fingernägel.

Er seufzte leise.

Und hub dann an, ohne aufzublicken.

»Sie werden mir nicht Glauben schenken, wenn ich Ihnen sage: Ich habe noch nie etwas – erlebt. –

Nie.

Mein Leben rollt hin wie der Regentropfen vom Dache.«

Gleichmäßig, blöde, monoton.

Und so war es immer. –

Und es ist schrecklich, daß es immer so war.

Aber...

Doch Sie sehen, gnädige Frau, ich wüßte keine erfreulichen Worte zu sagen, daher gestatten Sie mir zu schweigen. Aber da gabs heftigen Widerspruch!

Und die Hauswirtin scherzte in das allgemeine Geraune hinein: »Jetzt müssen Sie fortfahren, Herr Savant; Sie haben uns einmal neugierig gemacht, und wir Frauen können das nie ungestraft hingehen lassen.«

Der junge Mann richtete sein Auge, als blickte er durch Alle hindurch, ins Weite.

»So sei es«, lispelte er trocken.

»Muß weit ausholen; will es aber kurz machen.

In meinem Herzen liegt ein Drang nach Großem, Mächtigem, Ungewöhnlichem! Immer, als Knabe schon, empfand ich diesen Drang. Ich las die Märchen alle in mich hinein. Und aus den Bruchstücken, die mir die schönsten schienen, baute ich das Märchen meiner Kindheit. – Kein erlebtes, aber ein erträumtes. Denn die Tage meiner Jugend flossen so eintönig dahin, wie ein Bach im Flachland. Keine Erregung, kein Unfall, kein Geschehnis, das in meine Seele tiefer hätte greifen dürfen.

– Die Mutter war weich und empfindlich, mürrisch und düster mein Erzeuger. Ich empfand eine gewisse naturgemäße Anhänglichkeit, die ich gern Liebe genannt hätte, für sie. Frühzeitig starben beide. Ich weinte. Aber ohne Schmerz. Nur weil ich einen Druck in den Lidern fühlte. Dieselbe Last, die man zu empfinden vermeint, wenn man in allzu grelles Licht sieht.

Herzlich gern ließ ich das Vaterhaus, seine düsteren Stuben voll steifbeiniger melancholischer Lehnstühle.« –

Der Baron hüstelte. Die anderen aber waren gespannt und blickten etwas unwillig nach dem Störer. Er schwieg also.

»Hinaus«, – fuhr der Erzähler, der nichts bemerkt hatte, fort – »hinaus, dachte ich, gehst du jetzt in die Welt, ins Leben, von dem sie immer erzählt, daß es wild stürmisch und wechselvoll ist. Du wirst kämpfen dürfen! Und ich zog hinaus. –

Aber ich mußte nicht kämpfen. Das Schicksal wollte es nicht. Ich fand Freunde meines Vaters, die sich freuten, mir Gönner sein zu können. – Sie ließen mich die Mittelschule besuchen, gaben mir Nahrung, Kleidung, Wohnung, und wieder rollte das bleierne Einerlei über mich seine Nebel. Nur daß ich in helleren Zimmern saß, etwas mehr Fleisch genoß als zu Hause und daß ich Suppe mit Gewürzen aß, was der Vater nicht hatte mögen.

Und die Hochschule kam. Manche Zeit war ich fleißig. Aber es trug mir kein besonderes Lob ein. Ich ließ die Arbeit im Stiche. Aber ich fiel nicht durch; nein, ich kam gerade recht in die monotone Beamtenlaufbahn hinein.

Ich mietete das Zimmer, das ich heute noch bewohne. Das echte Mietzimmer für ledige Herren mit Kleiderständer und eisernem, winzigem Waschtisch.«

Ein Schauer rüttelte den jungen Mann. Er schloß eine Weile die Augen, und dann: »Es kam ein Tag, wo ich das erste Ereignis meines Lebens nahe wähnte. Ich glaubte ein Weib zu lieben. Mit einiger Erregung gestand ich ihrs. Sie war auf der Stelle mit sich einig. Wir verlobten uns.

O hätte es nur einen Widerstand, einen Zwischenfall gegeben!

Hätte sie sich geweigert und mich den herrlichen, süßen Kampf kämpfen lassen, als dessen Preis sie Leib und Seele setzen durfte. Aber nein, nein. Und ich malte mir in Gedanken aus, wie dann Alles doch nur glatt im alten, ausgefahrenen Gleise gehen würde. Ich bebte davor. Und als ich eines Nachmittags im Kaffeehause saß (ich sitze nämlich seit zehn Jahren täglich von vier bis sechs im Kaffeehause), – da schrieb ich ihr ab. Mit paar Worten auf einer einfachen Karte, in ungelenken Sätzen, die schmutzig aus der abgenutzten Gasthausfeder herausflossen. – Ich fühlte, daß es ja doch dies nicht sein könne, was man Liebe nennt. Denn ich war ja die ganze Zeit so ruhig gewesen. Nein, gewiß sie war mir ganz gleichgiltig. – Aber mit boshafter, toller Freude stellte ich mir dafür vor, welchen Schrecken meine Zeilen hervorrufen würden. Welchen vielleicht unheilbaren Schmerz ich durch meine Absage in dies Frauenherz schleudern konnte...

Sie würde voll der Vorwürfe zu mir kommen, mich zur Rechenschaft ziehen – und ich, ich würde dann kalt und hochmütig sie von mir weisen – aus Übermut, nur um endlich, endlich etwas zu – erleben.

Mit diesen Gedanken ging ich aus dem Kaffeehaus heimwärts. Auf meinem Tische lag ein Brief. Ihre Handschrift! Ich reiße ihn auf: Ihre Absage! – Ebenso kalt, nüchtern und ruhig wie meine, die unterwegs sein mußte.«

Und Herr Savant stützte den Kopf in die Hände und schwieg.

Ganz schüchtern klapperten die Löffel. Der ›Samovar‹ war verstummt, als müßte auch er lauschen.

Niemand hatte Lust ein Wort zu sagen.

Nur der Major brummte etwas in seinen struppigen Bart.

Der junge Freiherr fuhr mit der beringten, weißen Hand hin und her über seinen Kahlkopf. Er sah jetzt sehr dumm aus.

Nach ein paar Sekunden hob der junge Mann wieder sein Haupt. Er musterte mit großem Auge die Runde und sagte dann träumend:

»Also – nichts; – wieder nichts.

Wieder trollten Tage, Wochen, Monate, Jahre vorbei.

Eines dem anderen zum Verwechseln gleich.

Täglich kam ich abends nachhause zur selben Stunde.

Täglich wußte ich: der Schlüssel wird krachen, wenn ich ihn ins Schloß stecke, sich erst nicht drehen lassen und dann nach einer Sekunde mir leicht und willig die Tür öffnen, – auf dem Schreibtisch werden ein oder zwei bedeutungslose Briefe harren, und die Schlafschuhe werden beim Lehnstuhl liegen, statt unterm Bette, wohin ich der Bedienerin sie zu legen befohlen hatte.

Und täglich kams so. –

Einmal noch eine Unterbrechung. Mir ward ein Verhaftbefehl zugestellt. Ich war mir keines Vergehens bewußt. Aber alles jubelte in mir: ein Ereignis. Ich zog mich sorgfältiger denn sonst an, mich zu Gericht zu begeben in Begleitung des draußen harrenden Schutzmannes. Allein ich war noch nicht angekleidet, da trat ein Beamter bei mir ein, erzählte von einer Verwechslung und bat mich um Vergebung ob der Belästigung...

Und dann wieder Jahre...

Wie oft hab ich schon ein Verbrechen begehen wollen.

Vergebung, gnädige Frau«, unterbrach sich Savant, als er bemerkte, wie erschrocken ihn Frau von S...... anblickte. »Sie haben verlangt, daß ich erzähle, und ich will nichts verschweigen. Ja, ich war oft daran, ein Verbrechen zu begehen; denn ich will, ich muß mit aller Gewalt endlich ein Ereignis hereinzerren in mein graues, grausames Leben!« Sein Auge lohte, wie das eines verwundeten Wildes.

»Den Nächsten erschlagen! So packt es mich oft auf der Straße. Aber dann fehlt mir das Mittel und die Kraft. Und ich stehe da, wie ein blöder Schulbube, der die Federn vergessen hat und schreiben soll...

Oft auch geh ich aus mit dem Pistol in der Tasche. Aber dann begegnen mir nur Leute, auf die zu schießen mich ekelt. Kleine verschrumpfte Gestalten, die mit dem bißchen armseliger Daseinskraft am Leben haften, wie die Spinne an ihrem Faden. Und wieder markige Arbeiter, die das Recht des Lebens an ihren schwieligen Händen tragen und auf der dumpfen, rußigen Stirn. –

Wenn ich doch wenigstens wahnsinnig würde, das ist mein Gebet, wenn ich nachts schlaflos daliege.

Und bisweilen, da ist mir auch: Jetzt kriecht es herauf. Schwül und schrecklich. Und jetzt kichert es mir im Schädel und lacht mich aus – lacht... und ich lache mit, laut und gellend. Aber dann ist es doch nicht. Ich nehme ein Zeitungsblatt und lese zwei, drei Zeilen, und sehe, daß ich alles noch erfasse Wort für Wort, Satz für Satz. –

Nein, auch wahnsinnig darf ich nicht werden! Auch das nicht.«

Savant kämpfte ein Weinen zurück.

Alle saßen stumm da und blickten entsetzt auf den Sprecher. Nur der Major, der krebsrot war, hackte mit dem Sporn des linken Fußes leise gegen die Dielen.

Das klang wie Totenwurmpochen.

Ein Schauer ging durchs Zimmer.

Keine Tasse regte sich.

»Ich bin zu Ende«, raunte der Unglückliche jetzt matt und klanglos.

»Ein anderer könnte glücklich sein in diesem glatten, farbenarmen Leben. Er könnte gut und viel essen, die gute Verdauung behalten und sehr dick werden.

Mich aber, mich, der ich einen heißen, sehnenden Drang nach einem Ereignis in mir trage, von Kindheit an, mich tötet es.

Meine Wange glüht vor Sehnsucht, aber der Sturm des Lebens kommt nicht, der sie kühlen soll.«

(1896)

Die Flucht

Die Kirche war ganz leer.

Durch das bunte Glasfenster über dem Hauptaltar brach der Abendstrahl, breit und schlicht, wie alte Meister ihn auf der Verkündigung Mariens darstellen, in das Hauptschiff und frischte die verblaßten Farben des Stufenteppichs auf. Dann durchschnitt der Lettner mit seinen barocken Holzsäulen den Raum, und jenseits desselben wurde es immer dunkler, und die kleinen ewigen Lampen blinzelten immer verständnisvoller vor den nachgedunkelten Heiligen.

Hinter dem letzten, plumpen Sandsteinpfeiler war es ganz Nacht. Dort saßen sie, und über den beiden hing ein altes Stationsbild. Das blasse Mädchen drückte ihre lichtbraune Jacke in die dunkelste Ecke der schweren, schwarzen Eichenbank. Die Rose auf ihrem Hut kitzelte dem Holzengel in der geschnitzten Lehne das Kinn, so daß er lächelte. Fritz, der Gymnasiast, hielt die beiden winzigen Hände des Mädchens, welche in zerschlissenen Handschuhen staken, in den seinen, so wie man ein kleines Vögelchen hält, sanft und doch sicher. Er war glücklich und träumte: sie werden die Kirche zusperren und uns nicht bemerken, und wir werden ganz allein sein. Gewiß gehen Geister hier in der Nacht. Sie schmiegten sich fest aneinander, und Anna flüsterte ängstlich: »Ists nicht schon spät?« Da fiel ihnen beiden ein Trauriges ein; ihr –

der Platz am Fenster, an dem sie tagaus tagein nähte; man sah eine häßliche, schwarze Feuermauer von dort und niemals Sonne. Ihm – sein Tisch, voll mit Lateinheften, auf dem aufgeschlagen lag *Πλάτων, συμπόσιον.* Die beiden Menschen schauten vor sich hin, und ihre Blicke gingen derselben Fliege nach, welche durch die Rillen und Runen der Betbank pilgerte.

Sie sahen sich in die Augen.

Anna seufzte.

Fritz legte leise und hütend den Arm um sie und sagte: Wer doch so fort könnte.«

Anna blickte ihn an und sah die Sehnsucht, die in seinen Augen leuchtete. Sie senkte die Lider, wurde rot und hörte:

»Überhaupt sie sind mir verhaßt, gründlich verhaßt. Weißt du: wie sie mich ansehen, wenn ich von dir komme. Sie sind lauter Mißtrauen und Schadenfreude. Ich bin kein Kind mehr. Heut oder morgen, wenn ich was verdienen kann, gehen wir zusammen, weit fort. Allen zum Trotz.«

»Hast du mich lieb?« Das blasse Kind lauschte.

»Unbeschreiblich lieb.« Und Fritz küßte ihr die Frage von den Lippen.

»Wird das bald sein, daß du mich mit dir nimmst?« zögerte die Kleine. Der Gymnasiast schwieg. Er hob unwillkürlich den Blick, ging der Kante des plumpen Sandsteinpfeilers nach und las über dem alten Stationsbild: »Vater vergieb ihnen...«

Da forschte er ärgerlich: »Ahnen sie was bei dir zu Haus?«

Er drängte die Anna: »Sag.«

Sie nickte ganz leis.

»So«, wütete er, »ich sags ja, also doch. Diese Klatschbasen. Wenn ich nur ...« Er grub den Kopf in die Hände.

Anna lehnte sich an seine Schulter. Sie sagte einfach: »Sei nicht traurig.«

So verharrten sie.

Plötzlich sah der junge Mensch auf und sagte: »Komm fort mit mir!«

Anna zwang ein Lächeln in ihre schönen Augen, welche voll Tränen waren. Sie schüttelte den Kopf und sah sehr hilflos aus. Und der Student hielt wieder wie früher ihre winzigen Hände, die in schlechten Handschuhen staken. Er sah in das lange Hauptschiff hinein. Die Sonne war erloschen, und die bunten Glasfenster waren häßliche, mattfarbene Kleckse. Es war still.

Dann begann hoch in der Halle ein Piepsen. Beide schauten auf. Sie bemerkten eine verirrte kleine Schwalbe, welche mit müden, ratlosen Flügeln das Freie suchte.

Auf dem Heimweg dachte der Gymnasiast an ein verabsäumtes lateinisches Pensum. Er beschloß, noch zu arbeiten, trotz des Widerwillens, den er hatte, und trotz aller Müdigkeit. Aber fast unwillkürlich machte er einen großen Umweg, verirrte sich sogar ein wenig in der sonst gut bekannten Stadt, und es war Nacht, als er in seine enge Stube trat. Auf den Lateinheften lag ein kleines Briefchen. Er las bei der unsicher flackernden Kerze:

»Sie wissen alles. Ich schreibe Dir unter Tränen. Der Vater hat mich geschlagen. Es ist schrecklich. Jetzt lassen sie mich nie mehr allein ausgehen. Du hast recht. Komm fort. Nach Amerika oder wohin Du willst. Ich bin morgen früh um sechs Uhr auf der Bahn. Da geht ein Zug.

Vater fährt immer auf die Jagd damit. Wohin – weiß ich nicht. Ich schließe. Es kommt jemand.

Also erwarte mich. Bestimmt. Morgen um sechs. Bis in den Tod

Deine

Anna.

Es war niemand. Wohin, glaubst Du, gehen wir? Hast Du Geld? Ich habe acht Gulden. Diesen Brief schick ich Dir durch unser Dienstmädchen an das euere. Mir ist jetzt gar nicht mehr bang.

Ich glaube, Deine Tante Marie hat geklatscht.

Sie hat uns also Sonntag doch gesehen.«

Der Gymnasiast ging in großen und energischen Schritten auf und nieder. Er fühlte sich wie befreit. Sein Herz pochte heftig. Er empfand auf einmal: Mann sein. Sie vertraut sich mir an. Ich darf sie beschützen. Er war sehr glücklich und wußte: Sie wird mir ganz gehören. Das Blut stieg ihm in den Kopf. Er mußte sich setzen, und dann kam ihm in den Sinn: Wohin?

Diese Frage wollte nicht schweigen. Fritz übertönte sie dadurch, daß er aufsprang und Vorbereitungen machte. Er legte ein wenig Wäsche und ein paar Kleider zurecht und preßte die ersparten Guldenscheine in das schwarze Ledertäschchen. Er war voll Eifer, schob ganz unnütz alle Laden auf, nahm Gegenstände und trug sie wieder an ihren alten Platz, warf die Hefte vom Tische in irgend eine Ecke und zeigte seinen vier Wänden mit prahlerischer Deutlichkeit: Hier ist Auswanderung, Schluß.

Mitternacht war vorbei, als er am Bettrand niedersaß. Er dachte nicht ans Schlafen. angekleidet legte er sich hin, nur weil ihn, wahrscheinlich vom vielen Bücken, der Rücken schmerzte. Er dachte noch einigemal: Wohin? und sagte laut: »Wenn man sich wirklich lieb hat…«

Die Uhr tickte. Tief unten fuhr ein Wagen vorbei, und die Scheiben zitterten davon. Die Uhr, die noch von den Zwölfschlägen müde war, atmete auf und sagte mühsam »Eins«. Mehr konnte sie nicht.

Und Fritz hörte es noch wie aus weiter Ferne und dachte: Wenn man sich... wirklich...

Aber im allerersten Morgengrauen saß er fröstelnd in den Kissen und wußte bestimmt: Ich mag Anna nicht mehr. Sein Kopf war so schwer: Ich mag Anna nicht mehr. War das ihr Ernst? Um ein paar Schläge auf und davon laufen. Wohin denn? Er sann nach, als hätte sie's ihm anvertraut: Wohin wollte sie denn? Irgendwohin, irgendwohin. Er empörte sich: Und ich? Ich sollte natürlich alles im Stiche lassen, meine Eltern und – alles. Oh und die Zukunft, das Hernach. Wie dumm das war von Anna, wie häßlich. Ich möchte sie schlagen, wenn sie das imstande wäre.

Wenn sie *das* imstande wäre.

Als ihm die frühe Maisonne, so recht hell und heiter, in die Stube kam, hoffte er: Sie kann es nicht ernst gemeint haben. Er beruhigte sich ein wenig und hatte viel Lust, im Bett zu bleiben. Allein er sagte sich: Auf den Bahnhof will ich gehen, und sehen, daß sie nicht kommt. Und er malte sich die Freude aus, wenn Anna nicht kommt.

Fröstelnd in der frühen Frische und mit großer Müdigkeit in den Knieen ging er auf den Bahnhof. Die Vorhalle war leer.

Halb ängstlich, halb hoffnungsvoll hielt er Umschau. Keine gelbe Jacke. Fritz atmete auf. Er durchlief alle Gänge und Säle. Reisende gingen verschlafen und teilnahmslos auf und nieder, Gepäcksdiener lümmelten an hohen Säulen, und Leute aus der untersten Klasse saßen verdrossen, an Bündel und Körbe gelehnt, auf staubigen Fensterbänken. Keine gelbe Jacke. Der Portier rief irgendwo in einem Wartesaal Ortsnamen. Er läutete mit einer schrillen Glocke. Dann schnarrte er dieselben Ortsnamen ganz nah und dann noch einmal auf dem Bahnsteig. Und immer läutete davor die häßliche Glocke. Fritz wandte sich und schlenderte, die Hände in die Taschen bohrend, in die Vorhalle des Bahnhofes zurück. Er war sehr zufrieden und dachte mit Siegermiene: Keine gelbe Jacke. Ich wußte es ja.

Wie im Übermut trat er hinter eine Säule. Er wollte den Fahrplan studieren, um zu erfahren, wohin denn dieser verhängnisvolle Sechsuhrzug eigentlich führe. Er las mechanisch die Stationen und machte ein Gesicht wie einer, der eine drollige Treppe besieht, auf der er fast gestürzt wäre. Da klappten schnelle Schritte auf den Fliesen. Als Fritz aufschaute, erhaschte sein Blick eben noch an der Perrontüre die kleine Gestalt in der gelben Jacke und dem Hute, auf welchem eine Rose schwankte.

Fritz starrte ihr nach.

Dann überkam ihn eine Furcht vor diesem schwachen Mädchen, welches mit dem Leben spielen wollte. Und als bangte er, sie könnte kommen, ihn finden und ihn zwingen, in die fremde Welt zu fahren, raffte er sich auf und lief, so schnell er konnte, ohne sich umzusehen, der Stadt zu.

(1896/97)

Das Familienfest

Nach der Messe stieg der Pfarrer von Maria-Schnee die vier Altarstufen herab, drehte sich um und kauerte sich hinter dem Lettner nieder. Er suchte in den vielen Falten seines Ornates nach einem Sacktuch, schneuzte ehrerbietig ein tiefes Orgel-C und begann: »Lasset uns beten für Herrn Anton von Wick, kaiserlichen Rat, welcher entschlafen ist im Herrn. Herr sei gnädig deinem treuen Knecht Antonius...«

In der ersten Betbank erhob sich Herr Stanislaus von Wick, der Bruder des seit acht Jahren verstorbenen »treuen Knechtes Antonius«, und schneuzte seine Rührung aus. Als die Seelenmesse überstanden war, ging Herr Stanislaus, als Familienoberhaupt, voran, und hinter ihm lösten sich ein paar schwarzgekleidete Frauen aus den finsteren Bänken los. Auf der Straße reichte er seiner Schwester, der alten Majorin Richter, den Arm, und die anderen folgten zu zweien. Niemand sprach. Alle hatten lichtscheue Augen, die verweint aussahen, und gähnten vor Hunger und langer Weile. Die Familie sollte bei der Tochter des seligen Herrn Anton, Frau Irene, verwitweten Horn, geb. von Wick, zu Tische sein, und die Frau Majorin schlug ein ihrer Behäbigkeit stetig widersprechendes Schrittmaß ein, dessen Ungeduld mit dem pedantischen Trauermarsch ihres steifen Bruders schlecht zusammenpaßte. Herr Stanislaus merkte das sinnlichirdische Streben ihrer Füße und sagte wie ermahnend: »Der arme Anton.«

Die Majorin nickte nur. Herr von Wick schob nun einigemal die schmalen Schultern in die Höhe und machte dabei ein besorgt lauschendes Gesicht. Er steigerte diese Bewegung und wiederholte sie betont vor der Haustüre, angesichts der ganzen Familie so lange, bis Frau Irene nervös fragte: »Was ist dir, Onkel?« Herr von Wick sammelte zuerst eine ausreichende Menge von Ergebung in seinem bangen Gesicht und stöhnte dann, indem er die ängstliche Bewegung hastig weiterübte: »Bin ganz steif – hab mich wohl verkühlt in der Kirche.« Frau Irene nickte nur, und ihre Schwester Friederike lispelte im Tone ergreifendster Entsagung: »Ich auch.« Dann trat die Französin mit dem Sohne der verwitweten Horn, einem siebenjährigen, blassen Jungen, zu den übrigen, und die bleiche Friederike strich ihm leise über die Stirn. Sie dachte: »Er ist so blaß, gewiß hat er sich auch verkühlt.« Beim Treppenaufwärtssteigen im dunkeln Stiegenhause vertraute sie der Schwester: »Oswald hustet.«

Erst als die Familie um den gedeckten Tisch saß, vergaß ein jeder seine eben aus der Seelenmesse mitgebrachte Krankheit. Herr Stanislaus von Wick hatte seinen Platz neben seiner Schwester und neben Friederike. Der Würdige schien die übermäßige Schultergymnastik von früher durch eine götzenbildartige Starrheit gutmachen zu wollen. Er sah über sein Gegenüber, das ältliche Fräulein Auguste, die unermüdliche Tante des Hauses, von welcher niemand ahnte, in welchem Grade sie eigentlich verwandt war, fort in die dunkelste Ecke des Speisezimmers, in welchem zwei hohe kattunbezogene Lehnstühle ratlos bei einem viel zu kleinen Tischchen standen. In diesem Augenblicke sah Herr von Wick so ungeheuer beschäftigt aus, wie in seiner Kanzlei, wenn ihn jemand beim Zeitungslesen störte. Das Messer hatte sich nach Art eines Federstiels durch seine harten Finger gedrängt und wartete, bis er unter das Aktenstück seiner momentanen Gedanken das feine, wie aus Zittergras geflochtene ›Stanislaus von Wick‹ setzen würde. Die ganze Umgebung war sich dieses bedeutenden Augenblicks bewußt und verharrte fast atemlos. Nur unten löffelte der kleine Oswald mit verspäteter Eile seine Brühe, und Auguste, die an jedem Familienfest für drei vorangehende und drei folgende Tage sattaß, beschäftigte sich mit der Lösung der Aufgabe, ebensoviel zu reden, wie zu essen. Sie stellte ihre Worte als Schirm vor ihrem übervollen Teller auf, und ihre Phantasie verdaute mit ihrem Magen um die Wette. Diese komplizierte Tätigkeit indessen erhitzte sie nicht wenig, und dann und wann mußte sie mit beidem innehalten.

Während einer solchen Pause rief Herr von Wick seine Augen von den hohen Lehnstühlen ab, gewährte ihnen kurze Rast auf Tante Augustens schattiger Stirne und schickte sie dann mit großer Bedeutung der Hausfrau; die verwitwete Horn, welche sich mehr als geborene von Wick fühlte, empfing die Sendboten ihres Oheims mit Feierlichkeit und unter tiefem Schweigen der Umsitzenden. Sie faßte ihr Obstmesserchen, hob es mühsam bis an den Rand des mit gekröntem ›W‹ bezeichneten Weinglases und schlug einmal an. Diese kleine Ursache hatte eine Fülle mächtiger Wirkungen: Alle Waffen unterbrachen ihre mehr oder weniger freudige Hast, und die Servietten tauchten wie weiße Parlamentärsflaggen aus unterschiedlichen Schooßen und wehten Stillstand und

Frieden. Die kaninchenäugige Französin riß den Löffel aus der Hand des Kleinen. »*Que veux-tu?*« pfauchte das Kind, und die Mademoiselle hauchte in höchstem Erschrecken: »*Fais attention!*« In diesen Geräuschen waren die ersten Worte des Herrn Stanislaus spurlos untergegangen. Er reckte sich nun noch höher und drückte an seiner Halsbinde, um das, was ihm in der Kehle eingeschlafen war, aufzurütteln. Seine farblosen Augen suchten die beiden Lehnstühle: »Dort«, sagte er und wartete, bis alle Blicke diesem Befehle gefolgt waren, »hat mein armer Bruder Anton, Gott sei ihm gnädig, vor acht Jahren seine Seele ausgehaucht. Seine allerletzten Worte galtem dem Wohle unserer Familie. Vertragt euch und helfet einander, hat er mir am Tage vor seinem Tode gesagt. Und gemeinsam und einträchtiglich, wie er es gewünscht hat, begehen wir heute den achten Sterbetag. Gäbe Gott uns die Kraft, in Stille und Gesundheit noch lange sein Andenken zu feiern; wir dürfen sicher sein, der Geist unseres Bruders, beziehungsweise eures Vetters«, er wandte sich bei diesem Wort an die Hausfrau und an Friederike, »Großvaters«, seine gerührten Augen ruhten auf Oswald, der leise und heimlich Brotkrumen mit feuchten Fingern aufpickte, »schwebt segnend über uns.« Ermattet von Anstrengung und Ergriffenheit setzte sich Herr Stanislaus, wobei er trotzdem nicht vergaß, die langen schwarzen Schöße sorgfältig aufzuschlagen. Er hatte am Todestage seines Bruders ungefähr dasselbe gesprochen, und seither veränderte er immer nur fortlaufend die Nummer des Sterbetages. Aber die Worte hatten dadurch, daß sie jährlich nur einmal gebraucht wurden, eine gewisse Frische bewahrt, und Herrn von Wick schien auch ein jedes in seinem Mund abzustäuben und zurechtzubiegen, ehe er sie aussprach. Nachdem die Gläser alle einander begegnet waren und sich mit entsprechender Zurückhaltung begrüßt hatten, sagte die blasse Friederike mit heftigem Hüsteln: »Ist Papa in diesem oder in jenem Sessel gestorben?« Aus halbgeschlossenen Lidern schaute sie in die Ecke. Die Hausfrau fand diese Frage unpassend und zuckte die Achseln, Herr von Wick stak noch zu tief in seiner Rührung, die Majorin kaute mit vollen Backen, so daß die Antwort auf Tante Auguste fiel. Sie zögerte auch nicht lange, strich mit der Hand über die grauen Scheitel, wie um einen Teil ihrer Erinnerungen zu wecken, und sagte dann mit heroischer Entschiedenheit: »In dem.« Durch solche genaue und pietätvolle Kenntnisse suchte sie stets ihre sonst etwas rätselhafte Familienzugehörigkeit zu beweisen. Nun gab es ein großes Hin und Wider. Alle standen auf und umstellten die beiden Stühle. Endlich trat auch Herr von Wick hinzu, drängte sich hinter die Lehnen und begann deren Rückseiten abzutasten. Dann gab er den gespannt Wartenden Bescheid: »Es ist der, welchem eine Schraube fehlt. Diesem hier fehlt die Schraube, sintemal ist mein Bruder Anton in diesem Lehnstuhl gestorben.« Alle blieben noch eine Weile, als warteten sie, ob nicht der Sessel auch ein Wort mitsprechen würde. Als der in seiner teilnahmlosen Ruhe schwieg, begaben sich alle an ihre Plätze zurück.

»Dort im gelben Kanapee ist die Großmama gestorben«, konstatierte die hüstelnde Friederike. Und nun zeigte man sich gegenseitig alle Möbel, in denen ein von Wick oder eine von Wick in ihrer leiblichen Gestalt sitzen geblieben waren, während ihre Seelen die jenseitigen von Wicks suchen gegangen. Es gab deren nicht wenige; und es war eine große Schande, bei ›von Wicks‹ Stuhl zu sein, wenn nicht irgendwer auf einem gestorben war. Das empfand der kattunbezogene Lehnsessel neben Herrn Antons Sterbepfühl ganz mächtig.

Die Pause war etwas lang geworden. Die Hausfrau ließ einen ihrer Finger auf den elektrischen Knopf fallen. – Während die anderen immer noch letzte Möbel und letzte Worte wiederaufzählten und Friederike mit mattem Lächeln, wie bei jeder Gelegenheit auch diesmal, anführte, daß Großmama von Wick zuletzt erwas Französisches gerufen hatte, trat der ›alte Johann‹, der schon undenkliche Zeiten unter diesem Namen in das Inventar gehörte, ein und balancierte mit einem Rehfilet über das glatte Parkett. – Der ›alte Johann‹ war längst seines Dienstes ledig, bezog von verschiedenen Generationen der von Wicks verschiedene Pensionen und bediente nur ganz ausnahmsweise an besonders wichtigen Sterbetagen. Er zog dann seine alte verschossene Livree mit den Silberknöpfen, welche das Wappen und die Umschrift ›*constantia et fidelitas*‹ trugen, an, stülpte riesige weiße Zwirnhandschuhe über die gichtgekrümmten Hände und nahm sich in diesem Aufzug aus, wie ein verkleidetes Skelett. Wie ein welkes Blatt trieb er an das Ende des Tisches heran und blieb bei Irene, der verwitweten Horn, kleben. Seine halbblinden Augen mußten sich erst an die Dämmerung des Speisezimmers gewöhnen, und er hielt die Schüssel bloß dem Gefühl nach in der Richtung, in der er eine Person vermutete. Frau Irene wälzte ein kleines Stück Filet mit großer Anstrengung auf ihren Teller und nahm die dazugehörigen Reiskörner wie einen Segen aus den zitternden Händen des Greises, aus denen schon ihr seliger Vater und ihr seliger Großvater ihr Filet empfangen hatten. Dann verbeugte sich Frau Irene verehrungsvoll gegen die Zwirnhandschuhe, und der alte Johann sah aus seiner Vogelperspektive bereits auf die violette Haube der Majorin Richter, die mit tiefem Verständnis die Schüssel durchmusterte. Der greise Diener begann sich dafür zu interessieren, wem diese Haube da unten gehören mag. Eine Weile überlegte er, dann war er ganz erfüllt von der Überzeugung, daß die lila Haube Frau Karoline von Wick, des hochseligen Großvaters Peter ehrsame Ehefrau, sein müsse, und er neigte sich mit wohlwollender Herablassung zu der hundertjährigen, der er vor mehr als dreißig Jahren den letzten Rehbraten gereicht hatte. Vor dem alten Diener waren tausend Jahre wie ein Tag, und er war sehr erfreut, in dem Herrn Stanislaus von Wick Herrn Peter selbst zu erkennen und in so hohen Tagen recht rüstig zu finden. Bei jedem neuen Schritt erkannte er irgend ein Familienmitglied aus des Großvaters Tagen, und es verlor nun alles Erstaunliche, daß er den kleinen Oswald als Jugendbild des Onkels Stanislaus begrüßte. Die Schwankungen seiner Bratenschüssel bekamen etwas Zärtliches, Schmeichelndes, als er dieselbe um den spitzen Ellbogen des blassen Kindes lenkte. Mit besorgter Aufmerksamkeit folgten die meisten Blicke den Bewegungen des Alten, denn er war eine seltene Sehenswürdigkeit und gleichsam der Inbegriff der irdischen Überreste sämtlicher hochseliger von Wicks.

Auf schwanken Füßen hatte Johann die Tafel seiner teuren Toten umwandelt; nur vor der Französin hatte er ein wenig gezögert, da er augenblicks keine Besetzung für diese rotäugige Person finden konnte. Allein er tröstete sich mit dem häufigen Versagen seines Gedächtnisses und begnügte sich damit, der Mademoiselle die Bratenschüssel fortzuziehen, ehe sie sich hinreichend versorgt hatte. Die Französin sah sich etwas erstaunt um, vermied aber jedes Aufsehen und sagte zu Oswald:

»Bubi, *tu as trop.*« Dabei nahm sie ganz gelassen ein Stück Braten von dem Teller des Kleinen, der dem guten Bissen scheu und schwermütig nachschielte.

Tante Auguste erzählte währendher lauter geringfügigen Stadtklatsch, und nur ganz selten tat jemand, wie ein Almosen, ein Wörtchen dazu. Die Hausfrau fand es taktlos, an einem solchen Tage so profanes Zeug zu reden, und äußerte einiges darüber an die Majorin; diese nickte zustimmend und kam dadurch dem Rehbraten immer herzlicher entgegen. Friederike hörte gar nicht mehr auf die Universaltante, sondern ließ sich von der Französin zum elftenmale erzählen, daß sie die Absicht gehabt hatte, in ein Kloster zu gehen. Friederike fand das jedesmal ungeheuer interessant und hoffte beim zwölftenmale die Spuren des Romanes zu ergründen, welcher die bleichsüchtige Pariserin zu diesem verzweifelten Entschlusse hätte treiben können. Diesmal wurden sie indessen mitten in der Legende durch die gesteigerte Stimme des Onkel Stanislaus unterbrochen. Herrn von Wick hatte sich bemüßigt gefühlt, den alten, getreuen Diener beim Rockschooß festzuhalten und ihm mit gütiger Herablassung zuzuflüstern: »Nun, wir werden nicht alt, mein guter Johann.« Johann konnte nicht antworten. Zuerst weil er zu gerührt war über die Gnade des Großvaters Herrn Peter von Wick, dann weil er bei seiner Harthörigkeit kein Wort der langen Anrede verstanden hatte. Herr Stanislaus wiederholte etwas hastig seine Frage. Sie blieb abermals unverstanden. Herr von Wick, der alles gern glatt erledigt hatte, fand, daß diese rein äußerliche und formelle Angelegenheit zu lange dauerte, und verlor alles Wohlwollen in der Stimme, als er den Alten nun anschrie:

»Na, Johann – wie gehts?«

Alle waren jetzt aufmerksam geworden.

Friederike schwieg und die Französin und Tante Auguste und der kleine Oswald, der vor Spannung sogar eine Gabelvoll untwegs vergessen hatte.

Und Johann hatte verstanden. Mit der verehrungsvollen Vertraulichkeit alter Diener neigte er sich über den weißen glatten Kopf des Herrn Stanislaus und sagte: »Zu – viel – Gnade, gnädiger Herr Peter.«

Er hatte im Jahre Einst den Großvater, zum Unterschied von dessen anderen, im Hause sich befindlichen Brüdern, stets so genannt. Seine Worte kamen in kleinen Pausen, als hätte er nach jedem mühsam suchen müssen, und der kranken Friederike war, als wäre eine lange unaufgezogene, alte Spieluhr irgendwo losgegangen. Vor »Peter« zögerte der alte Johann einen Augenblick; um so seltsamer und auffälliger klang der Name in die allgemeine Aufmerksamkeit. Herr Stanislaus zuckte zusammen, wurde sehr blaß, und das gütige Lächeln erlosch auf seinen Zügen. Er fühlte die Blicke aller auf sich lasten und kam sich greisenhaft und hilflos vor; denn in diesen Blikken sah er vervielfacht, was er selbst dunkel empfand: Schrecken und Angst. Er schaute der Reihe nach alle an und fürchtete von irgendeiner Lippe zu lesen: »Herr Peter.« Aber sie schwiegen alle. Da wandte er scheu seine Augen nach rückwärts, und mit aller Kraft sagte er sich: Der Alte ist übergeschnappt. Allein es stand niemand mehr hinter ihm.

Herr von Wick fuhr sich mit der Hand ein paarmal über die schmale Stirne. »Ist dir etwas, Stanislaus?« sagte die Majorin, die sich ein wenig Unbefangenheit bewahrt hatte.

»Nein, Karoline«, gab Herr Stanislaus tonlos zurück. Dann legte er seine Serviette mit krampfhafter Entschlossenheit neben den Teller, erhob sich, indem er beide Arme an den Tischrand stemmte, und ging mit unsicheren Schritten auf die dunkle Ecke zu, in welcher die beiden Lehnstühle neben dem kleinen Tischchen standen. Ermattet ließ er sich in jenen Sessel fallen, in welchem noch kein von Wick gestorben war. Das war ein Akt der Gerechtigkeit. Alle saßen wie gebannt und blickten auf Herrn Stanislaus. Nur Frau Irene, verwitwete Horn, wagte: »Onkel?«

Herr von Wick aber winkte leise ab. Er wollte nicht gestört sein. Er wußte, daß dies sein letzter Lehnstuhl sein werde, heut oder morgen; aber über sein letztes Wort war er noch im Zweifel.

(1897)

Generationen

In unseren Stuben riecht es am Donnerstag nach Tomaten, am Sonntag nach Gänsebraten, und jeden Montag ist Wäsche. So sind die Tage: der rote, der fette, der seifige. Außerdem giebt es noch die Tage hinter der Glastür; oder eigentlich einen einzigen Tag aus Kühle, Seide und Sandelholz. Das Licht darin ist gesiebt, fein, silbern, still; Ruß, Sturm, Lärm und Fliegen kommen nicht mit herein wie in alle anderen Stuben. Und doch ist nur die Glastür dazwischen; aber sie ist wie zwanzig eherne Tore, oder wie eine Brücke, die nicht enden will, oder wie ein Fluß mit einer unsicheren Fähre von Ufer zu Ufer.

Selten kommt jemand hinüber und erkennt nach und nach, tief in der Dämmerung: über dem Sofa, groß, in Goldrahmen, der Großvater, die Großmutter. Es sind enge, ovale Brustbilder, aber beide haben ihre Hände hineingehoben, so mühsam das gewesen sein mag. Es wären keine Porträts geworden ohne diese Hände, hinter denen sie leise und bescheiden hingelebt haben, alle Tage lang. Diese Hände hatten das Leben gehabt und die Arbeit, die Sehnsucht und die Sorge, waren mutig und jung gewesen und sind müde und alt geworden, während sie selbst nur fromme, ehrfürchtige Zuschauer dieser Geschicke waren. Ihre Mienen blieben müßig irgendwo weit vom Leben und hatten nichts zu tun, als einander langsam ähnlich zu werden. Und in den Goldrahmen über dem Sofa sehen sie wie Geschwister aus. Aber dann stehen mit einem Male ihre Hände vor den schwarzen Sonntagskleidern und verraten sie.

Die eine, hart, krampfig, rücksichtslos, sagt: So ist das Leben. Die andere, blaß, bang, voll Zärtlichkeit, sagt: Sieben Kinder – oh! Und einmal ist der blonde Enkel dabei, hört die Hände und denkt: diese Hand ist wie der Vater, und meint die harte, narbige damit. Und vor der bleichen Hand fühlt er: wie die Mutter ist sie. Die Ähnlichkeit ist groß; und der Knabe weiß, daß die Eltern sich nicht gern so sehen mögen; deshalb kommen sie selten in den Salon. Sie passen in die Stuben, die voll sind von lautem Licht, und in den Wechsel der Tage, die bald rot von Tomaten, bald dumpf von Soda sind. Denn Das ist das Leben. Und es bleibt Alles in ihren Zügen hängen wie einst an den Händen der Großeltern. Ein paar Hände sind sie und nichts dahinter.

Hinter der Glastür sind seltsame Gedanken. Die hohen, halbblinden Spiegel wiederholen immerfort, als müßten sie's auswendig lernen: der Großvater, die Großmutter. Und die Albums auf der gehäkelten Tischdecke sind voll davon: Großvater, Großmutter, Großvater, Großmutter. Natürlich stehen die steilen Stühle ehrfurchtsvoll herum: als ob sie einander eben erst vorgestellt wären und gerade die ersten Phrasen tauschten: »Sehr angenehm«, oder: »Sie gedenken, lange hier zu bleiben?« oder so etwas Höfliches. Und dann verstummen sie ganz, sagen gleichsam: »Bitte«, wenn die Spieluhr beginnt: »Tingilligin...« Und sie singt mit ihrer welken, winzigen Stimme ein Menuett. Das Lied bleibt eine Weile über den Dingen und sickert dann in die vielen dunklen Spiegel hinein und ruht in ihnen wie Silber in Seen.

In einer Ecke steht der Enkel und ist wie von van Dyck. Er möchte so heißen, daß man seinen Namen zur Spieluhr singen könnte, denn er hat plötzlich das Gefühl: Kampf und Krankheit sind es nicht, auch nicht die Sorgen und das tägliche Brot und der Wäschetag und alles andere, was mit uns draußen in den engen Stuben wohnt. Das wirkliche Leben ist wie dieses »Tingilligin«... Es kann nehmen und schenken, kann dich Bettler rufen oder König und tief oder traurig machen je nachdem, – aber es kann nicht das Gesicht bang oder zornig verzerren und es kann auch – verzeih, Großpapa – es kann auch die Hände nicht hart und häßlich machen wie deine.

Das war nur so ein breites, dunkles Gefühl in dem blonden Knaben. Wie ein Hintergrund, vor dem andere kleine Kindergedanken standen wie Bleisoldaten. Aber er empfand es doch, und vielleicht lebt ers einmal.

(1898)

Ewald Tragy

I

Ewald Tragy geht neben seinem Vater am ›Graben‹. Man muß wissen, daß es Sonntagmittag ist und Korso. Die Kleider verraten die Jahreszeit: so Anfang September, abgetragener, mühseliger Sommer. Für manche Toiletten war es nichteinmal der erste. Zum Beispiel für die modegrüne der Frau von Ronay und dann für die von Frau Wanka, blau Foulard; wenn die ein wenig überarbeitet und aufgefrischt wird, denkt der junge Tragy, hält sie gewiß noch ein Jahr aus. Dann kommt ein junges Mädchen und lächelt. Sie trägt blaßrosa Crêpe de Chine, – aber geputzte Handschuhe. Die Herren hinter ihr schwimmen alle durch lauter Benzin. Und Tragy verachtet sie. Er verachtet überhaupt alle diese Leute. Aber er grüßt sehr höflich mit etwas altmodisch betonter Artigkeit.

Nur wenn sein Vater dankt oder grüßt – allerdings. Er hat keine Bekannten für sich. Umso öfter muß er den Hut mitabnehmen; denn sein Vater ist vornehm, geachtet, eine sogenannte Persönlichkeit. er sieht sehr aristokratisch aus, und junge Offiziere und Beamte sind fast stolz, wenn sie ihn begrüßen dürfen. Der alte Herr sagt dann mitten aus einer langen Schweigsamkeit heraus: »Ja« und dankt großmütig. Dieses laute ›Ja‹ hat den Irrtum verbreiten helfen, daß der Herr Inspektor mit seinem Sohn mitten im Durcheinander des Sonntagskorso tiefe und bedeutsame Gespräche hätte und daß eine seltene Übereinstimmung zwischen den beiden bestünde. Mit den Gesprächen aber ist es so:

»Ja«, sagt Herr von Tragy und belohnt damit gleichsam die ideale Frage, welche in einem ergebenen Gruß sich ausprägt und etwa lautet: ›Bin ich nicht artig?‹ »Ja«, sagt der Herr Inspektor, und das ist wie eine Absolution.

Manchmal nimmt Tragy, der Sohn, dieses ›Ja‹ wirklich fest und hängt rasch die Frage daran: »Wer war das, Papa?« Und dann steht das arme ›Ja‹ mit der Frage dahinter, wie eine Lokomotive mit vier Waggons auf falschem Geleise, und kann nicht vor und nicht zurück.

Herr von Tragy, der Ältere, sieht sich um nach dem letzten Gruß, hat gar keine Ahnung, wer das gewesen sein könnte, denkt aber doch drei Schritte lang nach und sagt dann zum Erbarmen hilflos: »Jaaa?«

Gelegentlich fügt er hinzu: »Dein Hut ist wirklich ganz staubig«.

»So«, meint der junge Mensch, gottergeben.

Und sie sind beide einen Augenblick traurig.

Nach zehn Schritten ist die Vorstellung des staubigen Hutes in den Gedanken von Vater und Sohn abnorm gewachsen.

›Alle Leute schauen her, es ist ein Skandal‹, denkt der Ältere, und der junge Mensch strengt sich an, sich zu erinnern, wie denn der unglückselige Hut etwa aussieht und wo der Staub sitzen mag. An der Krempe, fällt ihm ein, und er denkt: ›Man kann ja nie dazu. Es müßte eine Bürste erfunden werden...‹

Da sieht er seinen Hut körperhaft vor sich. Er ist entsetzt: Herr von Tragy hat ihm den Hut einfach vom

Kopf gehoben und knipst aufmerksam mit den rotbehandschuhten Fingern drüber hin. Ewald sieht eine Weile barhaupt zu. Dann reißt er mit einem empörten Griff das schmachvolle Ding aus den behutsamen Händen des alten Herrn und stülpt den Filz wild und ungestüm über. Als ob seine Haare in Flammen stünden: »Aber Papa« – und er will noch sagen:

›Ich bin achtzehn Jahre alt geworden, – dazu also. Daß du mir hier den Hut vom Kopf nimmst, – am Sonntag, Mittag unter allen Leuten.‹ Aber er bringt nicht ein Wort heraus und würgt etwas. Gedemütigt ist er, klein, wie in ausgewaschenen Kleidern.

Und der Herr Inspektor geht aufeinmal fern drüben am anderen Rande des Bürgersteiges, steif und feierlich. Er kennt keinen Sohn. Und der ganze Sonntag flutet zwischen ihnen. Allein es ist nicht einer in der Menge, der nicht wüßte, daß die beiden zusammengehören, und jeder bedauert den rücksichtslosen und brutalen Zufall, der sie soweit voneinanderschob. Man weicht einander voll Teilnahme und Verständnis aus und ist erst befriedigt, als man den Vater und den Sohn wieder nebeneinander sieht. Man konstatiert gelegentlich eine gewisse zunehmende Ähnlichkeit im Gang und in den Gesten der beiden und freut sich darüber. Früher war der junge Mensch nämlich außerhalb des Hauses, man sagt, in der Militärerziehung. Von dort kam er eines Tages – wer weiß weshalb – sehr entfremdet zurück.

Jetzt aber: »Bitte, sehen Sie«, sagt ein gutmütiger alter Herr, der von dem Inspektor eben ein ›Ja‹ geschenkt bekommen hat, »er trägt schon den Kopf ein wenig nach links – wie der Vater –«, und der alte Herr strahlt vor Vergnügen über diese Entdeckung.

Auch ältere Damen nehmen Interesse an dem jungen Herrn. Sie legen ihn im Vorübergehn eine Weile auf ihre breiten Blicke, wägen ihn ab; sie urteilen: Sein Vater war ein schöner Mann. Er ist es noch. Das wird Ewald nicht, Nein. Weiß Gott wem er ähnlich sieht. Vielleicht seiner Mutter – (wo die übrigens stecken mag). Aber er hat Gestalt, wenn er ein guter Tänzer wird... und die ältere Dame sagt zu der Tochter in Rosa: »Hast du Herrn Tragy auch freundlich gedankt, Elly?«

Aber eigentlich ist das alles überflüssig, – die Freude des alten Herrn und die kluge Fürsorge von Ellys Mutter. Denn als die Männer von dem Korso in die leere enge Herrengasse einbiegen, atmet der junge auf:

»Der letzte Sonntag.«

Er hat ziemlich laut Atem geholt. Trotzdem hat der alte Herr nicht vor, etwas zu antworten. Diese Schweigsamkeit, denkt Ewald. Wie eine Zelle für Tobsüchtige ist sie, taub und so unerbittlich gepolstert auf allen Seiten.

So gehen sie bis zum Deutschen Theater. Und Tragy, der Sohn, wiederholt geduldig: »Der letzte Sonntag.«

»Ja«, entgegnet der Inspektor kurz, »wem nicht zu raten ist...« Pause. Dann fügt er an: »Geh dir nur die Flügel verbrennen, du wirst schon sehn, was das heißt, sich auf die eigenen Füße stellen. Gut, mach deine Erfahrungen. Ich hab nichts dagegen.«

»Aber Papa«, sagt der junge Mensch etwas heftig, »ich glaube, wir haben doch das alles schon oft genug besprochen.«

»Aber ich weiß immer noch nicht, was du eigentlich willst. Man geht doch nicht so fort, ins Blaue hinein. Sag mir nur mal, was wirst du denn in München tun?«

»Arbeiten –« hat Ewald rasch bereit.

»Sooo – als ob du hier nicht arbeiten könntest!«

»Hier«, und der junge Herr lächelt überlegen.

Herr von Tragy bleibt ganz ruhig: »Was fehlt dir denn hier? Du hast dein Zimmer, dein Essen, alle wollen dir wohl. Und schließlich man ist bekannt hier, und wenn du die Leute richtig behandelst, stehen dir die ersten Häuser offen –«

»Immer die Leute, die Leute«, fährt der Sohn in demselben spöttischen Ton fort, »als ob das Alles wäre. Ich kümmer mich den Teufel um die Leute –« (bei dieser stolzen Phrase fällt ihm die Geschichte mit dem Hut ein, und er fühlt, daß er lügt), deshalb betont er nochmals: »sollen mich gern haben – die Leute. Was sind sie denn, bitte? Menschen – vielleicht?«

Jetzt ist es an dem alten Herrn, zu lächeln, so ganz eigentümlich lächelt es irgendwo in seinem feinen Gesicht, man kann nicht sagen, ob es um seine Lippen unter dem weißen Schnurrbart oder bei den Augen war.

Es ist auch gleich wieder vorbei. Aber der Achtzehnjährige kann es nicht vergessen; er schämt sich und stellt lauter große Worte vor seine Scham. »Überhaupt«, sagt er endlich und macht einen ungeduldigen Schnörkel mit der Hand durch die Luft, »du scheinst nur zwei Dinge zu kennen, die Leute und das Geld. Um die dreht sich Alles bei dir. Man liegt vor den Leuten auf dem Bauch, das ist der Weg. Und man kriecht auf dem Bauch zum Geld, das ist das Ziel. Nicht?«

»Du wirst beides noch brauchen, mein Kind«, sagt der alte Herr geduldig, »und man muß nicht zum Geld kriechen, wenn mans nur immer hat.«

»Und wenn mans auch nicht hat, dann –« der junge Tragy zögert ein wenig.

»Dann?« fragt der Vater und wartet.

»Ooh«, macht der andere sorglos und winkt ab. Es scheint ihm gut, einen neuen Satz zu beginnen. Aber der alte Herr beharrt: »dann« – beendet er rücksichtslos – »wird man ein Lump und macht dem guten, ehrlichen Namen Schande.«

»O ihr habt Begriffe –« der junge Herr tut ganz entrüstet.

»Wir sind eben nicht von heute«, sagte der alte Herr, »basta.«

»Das ist es ja gerade –« triumphiert Tragy, der Sohn, »von irgendwann, von anno olim seid ihr, verstaubt, vertrocknet, überhaupt –«

»Schrei nicht«, kommandiert der Inspektor, und man merkt ihm den alten Offizier an.

»Ich habe doch wohl das Recht –«

»Ruhig!«

»Ich darf reden –«

»Red du –«, wirft Herr von Tragy verächtlich hin. Wie ein Schlag ins Gesicht ist dieses kurze: ›Red du!‹ Und dann geht der Vater Tragy steif und feierlich hinüber auf die andere Seite der Straße. Weil die Straße ganz leer ist, kommen die beiden nicht sobald wieder zusammen, und es ist, als würde die heiße sonnige Fahrbahn immer breiter zwischen ihnen. Sie sehen einander gar nicht mehr ähnlich. Der alte Herr wird immer tadelloser in Gang und Haltung, und seine Stiefel schleudern Glanzlichter vor sich her. Der drüben verändert sich auch. Alles an ihm kräuselt und sträubt sich wie verkohlendes Papier. Sein Anzug hat aufeinmal eine Menge Falten, seine Krawatte schwillt an, und seinem Hut scheint die Krempe zu wachsen. Den knappen Modeüberzieher hat er wie einen Wettermantel gepackt und trägt ihn gegen irgend einen Sturm. Seine Schritte kämpfen. Er ist wie ein altes Bild mit der lithographierten Unterschrift: ›1848‹ oder: ›*Der Revolutionär*‹.

Gleichwohl sieht er vorsichtig von Zeit zu Zeit hinüber. Es hat etwas Beunruhigendes für ihn, den alten Mann so ganz verlassen auf dem endlos öden Bürgersteig zu sehen. Wie allein er ist, denkt er –, und: wenn ihm etwas geschieht...

Seine Augen lassen den Vater nichtmehr los, begleiten ihn und werden fast wund vor Anstrengung.

Endlich stehen die beiden Menschen vor demselben Haus. Als sie in den Flur treten, bittet Ewald: »Papa!« Er ist eine Weile verwirrt und überstürzt sich dann: »Den Kragen mußt du aufschlagen, Papa – es ist immer so kalt jetzt im Treppenhaus.«

Seine Stimme ist zaghaft und fragt zum Schluß, obwohl das doch gar keine Frage ist.

Und der Vater antwortet auch nicht, er befiehlt: »Richt dir deine Krawatte.«

»Ja«, bestätigt Ewald pedantisch und richtet die Krawatte. Dann steigen sie hinauf, bedächtig, wie es sich gehört vom hygienischen Standpunkt aus.

Eine Treppe rechts wohnt Frau von Wallbach, genannt Tante Karoline, und bei ihr speist an jedem Sonntag die Familie – Stunde halb zwei.

Die Herren Tragy, Vater und Sohn, sind pünktlich. Trotzdem ist Alles schon da. Denn das Wort ›pünktlich‹ läßt sich steigern, wie man weiß.

Ewald zögert einen Augenblick im Vorzimmer vor dem Spiegel. Er setzt das Gesicht ›der letzte Sonntag‹ auf und tritt so hinter dem Vater in den gelben Salon.

»Ah –«

Die Gesellschaft ist maßlos erstaunt, einer immer über das Erstaunen des anderen. Der Eintritt der beiden Tragys wird so auf billige Weise Ereignis. Man muß eben verstehen, sich das Leben reich zu machen – irgendwie. Große Begrüßung. Die Übung eines Setzers gehört dazu, aus diesen verschiedenen Schooßen die richtigen Hände zu holen und sie ohne Druckfehler loszulassen. Ewald leistet heute mit dem Gesicht ›der letzte Sonntag‹ Großartiges. Während der alte Herr erst bei seiner Schwester Johanna angekommen ist, hat der Jüngling drei Tanten, vier Kusinen, den kleinen Egon und ›das Fräulein‹ überwältigt, ohne daß man die geringste Müdigkeit an ihm bemerkt.

Endlich ist auch Herr von Tragy, der Ältere, am Ziel, und nun sitzt man einander gegenüber und hungert sich an. Die vier Kusinen finden allerdings, man müsse etwas reden. Sie versuchen auch da und dort an ein Ding – zum Beispiel an das Barometer, an die Azaleen, die im Fenster stehen, an die Kupferdruckprämie über dem Kanapee ein Wort zu heften. Aber alle diese Gegenstände sind von unglaublicher Glätte, und die Worte fallen von ihnen wie satte Blutegel. Ein Schweigen bricht herein. Es legt sich um Alle wie lange, lange Fäden gebleichten Garnes. Und die Älteste der Familie, die verwitwete Majorin Eleonore Richter, regt ihre harten Finger sachte im Schooße, als wickelte sie die endlose Langeweile sorgsam zu einem Knäuel auf. Man sieht: sie stammt noch aus jener trefflichen Zeit, da die Frauen nicht müßig sein konnten. Doch auch das Geschlecht, welches die verwitwete Majorin ›jung‹ nennt, erweist sich in diesem Augenblick nicht als träge. Die vier Fräulein sagen fast gleichzeitig: »Lora?«

Hinter diesem Wohlklang lächeln Alle wie beschenkt. Und Tante Karoline, die Hausfrau, eröffnet die Diskussion:

»Wie macht der Hund?«

»Wau, Wau« – bellen die vier Fräulein.

Und der kleine Egon kommt aus irgend einem Winkel gekrochen und beteiligt sich lebhaft an dem Gespräche.

Aber die Hausfrau glaubt dieses Thema erschöpft und schlägt vor: »und die Katze?«

Und nun ist man allgemein beschäftigt zu miauen, zu krähen, zu meckern und zu brüllen, je nach Verdienst und Neigung. Es ist schwer zu sagen, wer das tiefste Talent bewies, denn über diesem Gewühle von rollenden und gleitenden Lauten bleibt nur das gackernde Organ der verwitweten Majorin, und sie wird ordentlich jung dabei.

»Die Tante gackert«, sagt jemand ehrfurchtsvoll.

Doch man hält sich nicht lange dabei auf. Man ist hingerissen von der Fülle der Möglichkeiten, macht immer kühnere Versuche, gibt immer mehr Eigenes in den seltsam stilisierten Klangsilben. Und es ist rührend, zu erwähnen, daß bei allem Individualisieren doch eine feine Familienähnlichkeit in den Stimmen blieb, der gemeinsame Grundton der Herzen, auf dem allein echte, sorglose Fröhlichkeit entstehen kann.

Plötzlich beginnt ein graugrüner Sittich hinter seinen gelben Gitterstäben sich zu rühren und, man kann sagen, es ist eine gewisse, vornehme Anerkennung in dem stummen, bedächtigen Neigen seines Kopfes. Alle empfinden es so, werden leiser und lächeln dankbar.

Und der Papagei hat die Miene eines jüdischen Musiklehrers und verneigt sich noch ein paarmal gegen seine

Schüler; Tatsache ist: seit Lora Hausgenosse wurde, haben Alle in der Familie eine Anzahl klangvoller Worte, von denen sie sich früher nie träumen ließen, zugelernt und so ihren Sprachschatz bedeutend vermehrt. Bei dem schweigsamen Lob des Vogels kommt dieser Umstand einem jeden zum Bewußtsein und macht ihn stolz und froh. Man geht also in bester Stimmung zu Tisch.

Jeden Sonntag wartet Ewald, bis die dritte der Tanten, Fräulein Auguste, lächelt: »Das Essen ist doch kein leerer Wahn« – worauf jemand in guter Gewohnheit bestätigen muß: »nein, es ist nicht ohne.«

Das kommt gewöhnlich nach dem zweiten Gang. Und Ewald weiß ganz genau, was nach dem dritten kommt, und so fort. Während aufgetragen wird, spricht man wenig, einmal der ›Dienstleute‹ wegen, dann weil das Zwiegespräch mit dem eigenen Teller einen jeden genügend beansprucht. Man verhindert höchstens den kleinen Egon, der nur reden darf, wenn er gefragt wurde, durch eine zärtliche Teilnahme daran, satt zu werden oder auch nur seine Bissen fertigzukauen. So kommt es, daß der Kleine immer zuerst das unbehagliche Gefühl des Übervollseins bekommt und ›das Fräulein‹, das langsam rot wird, zur Vertrauten seiner intimsten Empfindungen macht. Die andern sind lange nicht so diskret. Niemand füllt seinen Teller, ohne leise zu stöhnen, und als das Mädchen mit einer süßen Crême eintritt, seufzen alle laut und schmerzlich auf. Die eisgekühlte Sünde drängt sich an jeden heran, und wer kann widerstehen? Der Herr Inspektor denkt: ›wenn ich nachher Soda nehme ...‹ und Fräulein Auguste wendet sich an die Hausfrau: »Ist Magenbitter zuhaus, Karoline?« Mit schelmischem Lächeln zieht Frau von Wallbach ein kleines Tischchen heran, darauf viele Schachteln und Büchsen neben seltsam geformten Flaschen bereitstehen. Man lächelt, es beginnt nach Apotheke zu riechen, und die Crême kann nocheinmal herumgehen.

Plötzlich geschieht eine unerwartete Störung. Die Älteste steht wie eine Ahnfrau und ruft warnend: »Und du, Ewald?«

Ewalds Teller ist rein.

›Und du?‹ fragen alle Augen, und die Hausfrau denkt: ›wie immer, dieses Absondern von der Familie. Wir sind morgen Alle elend und – er? Schickt sich das?‹

»Danke –« sagt der junge Mensch kurz und stößt den Teller einwenig fort. Das will heißen: damit ist diese Sache abgetan – bitte.

Allein niemand versteht das. Man ist froh ein Thema zu haben und bemüht sich um weitere Aufklärung.

»Du weißt nicht, was gut ist –« sagt jemand.

»Danke.«

Dann strecken die vier Kusinen, alle zugleich, ihre Löffelchen her: »Kost mal.«

»Danke –« wiederholt Ewald und bringt es zustande, vier junge Mädchen zugleich unglücklich zu machen. Die Stimmung wird bang. Bis Tante Auguste zitiert: »Die Großmutter hat immer gesagt: ›Was man essen … nein – wie man leiden …‹«

»Nein«, bessert Tante Karoline aus: »Leiden was man –«.

Aber auch so stimmt es nicht.

Die vier Kusinen sind ratlos.

Herr von Tragy nickt seinem Sohn zu: ›Zeig dich jetzt, imponier ihnen – vorwärts.‹

Tragy, der Jüngere, schweigt. Er weiß: Alle erwarten

Hilfe von ihm, und weil der letzte Sonntag ist, entschließt er sich endlich:

»Essen was man mag und leiden was man kann«, wirft er voll Verachtung vor sich hin.

Da sind Alle Bewunderung. Man reicht sich das Wort weiter, betrachtet, erwägt es – nimmt es in den Mund wie zu besserer Verdauung und nützt es so ab, daß es schon wieder ganz dunkel ist, als es zu Ewald, die Tischrunde entlang, zurückkehrt.

Er läßt es im Munde ›des Fräuleins‹, einer bleichsüchtigen Französin, die es als Sprachübung betrachtet und zu dem kleinen Egon geneigt wiederholt: »Was man mack essen...«

Eine Weile bleibt Ewald der geistige Mittelpunkt der Familie. Man staunt sein bereites Gedächtnis an, bis Tante Karoline geringschätzig die Lippen kräuselt: »Hm – wenn man so jung ist...«

Freilich, denken die vier Kusinen: wenn man so jung ist...

Und sogar auf dem blassen Gesichtchen des kleinen Egon ist diese verächtliche Ahnung: wenn man so jung ist, – so daß der Achtzehnjährige fühlt: Was ist denn nun wieder los? Sie erwarten hier demnächst meine Geburt, wahrscheinlich.

Er ist ohnehin gereizt, und es scheint ihm gelegen, daß Tante Auguste zwischen zwei Bissen die Geschichte ihrer Zähne – Glück und Ende – erzählt; er sagt an der spannendsten Stelle in den weitoffenen Mund der Tante hinein: »Ich denke, bei Tisch...« und hofft, man wird ihm erwidern: ›Du mußts ja nicht lange mehr mitmachen, du kannst ja gehen, wenn es dir nicht recht ist.‹ Aber Alle bleiben gekränkt und stumm. –

Später, als man mit ›Cantenac‹ verschiedene Hoch ausbringt, denkt der junge Mensch: Jetzt wird doch jemand sein Glas heben: ›Also Ewald...‹ Doch man trinkt einander zu, der Reihe nach, ohne daß irgendwem einfällt zu beginnen: ›Also Ewald –‹

Dann entsteht eine lange Pause, und Ewald hat Zeit zu bangen Gedanken; er empfindet plötzlich, wie die Blicke Aller in Gleichgültigkeit oder Bosheit an ihm haften, und müht sich mit scheuen Gesten sie abzustreifen. Aber mit jeder Bewegung verwirrt er nur noch mehr diese unsichtbaren Netze, wird erst heftig, dann hilflos, und denkt beständig im Kreise; denn durch Unmut und Ungeduld kommt er immer wieder bei diesem an: man müßte euch etwas Ungeheures, Unerhörtes sagen, mit einem breiten Wort euch die Augen totschlagen, damit sie loslassen, das müßte man. Aber das bleibt Wunsch; denn er liebt selbst Vieles aus dieser bequemen, armsäligen Alltäglichkeit, in der sie ihn haben aufwachsen lassen, und ist wie das Kind von Dieben, das das Handwerk seiner Eltern verachtet und doch langsam stehlen lernt.

Mitten in seine Sorgen hinein sagt Tante Auguste harmlos: »Wenn dem jungen Herrn da drüben keines von unseren Gesprächen paßt, sollte er doch wenigstens für eine Unterhaltung nach seinem Geschmack aufkommen. Da würde man ja gleich sehen ... nun, Ewald, du kommst ja wohl viel herum?«

Ewald, der kaum hingehört hat, sieht auf und lächelt traurig: Oh ich ...

Er vernimmt auch nur wie von fern, daß die vier Kusinen ihn erinnern: »Du hast vor vier oder fünf Wochen einmal eine Geschichte zu erzählen begonnen –«

und er will sich schnell besinnen, wasfür eine Geschichte das gewesen sein mag. Aufmerksam erkundigt er sich: »Was war das doch, bitte?«

Die vier Kusinen denken nach.

Indessen wendet sich die Hausfrau an ihn: »Dichtest du noch? – «

Ewald wird blaß und sagt zu den Kusinen: »Also wißt ihr nicht ...?« Und er hört, wie die verwitwete Majorin staunt: »Waaas, er dichtet?« und sie schüttelt den Kopf: »Zu meiner Zeit ...«

Aber trotzalledem will er sich seiner Geschichte, die er vor fünf oder sechs Wochen begonnen hat, entsinnen. Er hofft: es wird sich irgendwo anbringen lassen, daß heute der letzte Sonntag ist, und dann kann man aufatmen. Allein plötzlich unterbricht ihn Frau von Wallbach:

»Dichter sind immer zerstreut. Ich denke, wir sind Alle fertig in den Salon zu gehen«, und zu Ewald: »Das mit der Geschichte hat ja wohl Zeit am nächsten Sonntag, nichtwahr?«

Sie lächelt geistreich und erhebt sich. Der junge Mann ist wie ein Verurteilter. Er fühlt: Es wird also immer wieder ein ›nächster‹ Sonntag sein und Alles ist umsonst. »Umsonst« stöhnt etwas aus ihm.

Allein das hört schon niemand mehr. Man rückt die Stühle, streckt sich, sagt sich mit fetter, zufriedener Stimme, die über vieles Schlucken wie über schlechtes Pflaster rollt, »Mahlzeit« – und zieht sich an den schweißigen Händen in den Salon. Dort ist es wie vorher. Nur sitzt man jetzt weiter voneinander, und das Gefühl der Zusammengehörigkeit ist nichtmehr so lebhaft wie vor Tisch.

Die verwitwete Majorin wandert vor dem Klavier auf

und ab und knackt sich die Gichtfinger gerade. Die Hausfrau sagt: »Die Tante spielt Alles nach dem Gehör – es ist staunenswert.«

»Wirklich« – staunt Tante Auguste – »auswendig?«

»Auswendig«, beteuern die vier Kusinen und wenden sich an die Majorin: »bitte, spiel.«

Lange läßt sich die verwitwete Richter bitten, ehe sie großmütig fragt: »Was wollt ihr denn?«

»Mascagni«, träumen die vier Kusinen – denn das ist gerade modern.

»Ja«, sagt Frau Eleonore Richter und probt die Tasten.

»Cavalleria?«

»Ja«, sagen einige.

»Ja«, nickt die alte Dame und denkt nach.

»Die Tante spielt Alles nach dem Gehör – « sagt Tante Auguste, die leise eingeschlafen war, und jemand fügt mit tiefem Atemholen an:

»Ja, es ist staunenswert – «

»Ja – «, zögert die Majorin und probt die Tasten: »es muß mirs einer pfeifen.« Der Herr Inspektor pfeift: »So such ich den Humor –« – Mikado.

»Richtig« – lächelt die Tante: »Cavalleria«, und lächelt, als ob das ihre ›Jugend‹ wäre.

Sie beginnt also mit ›Mikado‹ und spielt dann, wundersam versöhnt: ›Der Bettelstudent‹ und ›Die Glocken von Corneville‹.

Die andern schlafen darüber dankbar ein, und die Majorin selbst kommt ihnen nach.

Da hält es Ewald nicht länger aus, er muß es aussprechen um jeden Preis, und als ob das die selbstverständliche Folge der ›Glocken von Corneville‹ wäre, sagt er: »Der letzte Sonntag.«

Niemand hat das gehört als Fräulein Jeanne. Sie geht lautlos über den tiefen Teppich und setzt sich dem jugen Mann gegenüber ans Fenster.

Eine Weile betrachten sich die beiden.

Dann fragt die Französin leise: »Est-ce que vous partirez, monsieur?«

»Ja«, gibt ihr Ewald deutsch, »ich reise fort, Fräulein. Ich reise – fort«, wiederholt er gedehnt und freut sich an der Breite seiner Worte. Er spricht eigentlich zum erstenmal mit Jeanne und ist erstaunt. Er fühlt unvermittelt, daß sie nicht einfach ›das Fräulein‹ ist, wie die andern meinen, und denkt: Merkwürdig, daß ich das nie erkannt habe. Sie ist eine, vor der man sich neigen muß – eine Fremde. Und obwohl er still und beobachtend bleibt, verneigt sich etwas in ihm vor der Fremden – tief – so übertrieben tief, daß sie lächeln muß. Das ist ein graziöses Lächeln, welches sich mit Barockschnörkel um die feinen Lippen schreibt und nicht bis an die Traurigkeit ihrer schattigen Augen reicht, die immer wie nach einem Weinen sind. Also irgendwo lächelt man so – erfährt Tragy, der Jüngere.

Und gleich danach hat er das Bedürfnis, ihr etwas Dankbares zu sagen, das ihr Freude machen muß. Ihm ist, als sollte er sie an etwas erinnern, was ihnen gemeinsam war, zum Beispiel sagen: ›Gestern‹ und verständig aussehen dabei. Aber es gibt ja in aller Welt nichts Gemeinschaftliches für sie. Da fragt sie ihn mitten in diese Verwirrung hinein in ihrem filigranen Deutsch:

»Warum? Warum reisen Sie fort?«

Ewald stemmt die Ellbogen auf die Kniee und legt das Kinn in die hohlen Hände. »Sie sind ja auch fortgegangen von Hause«, antwortet er. Und Jeanne warnt schnell:

»Sie werden Heimweh haben.«

»Ich habe Sehnsucht«, gesteht Ewald, und so reden sie eine Weile aneinander vorbei.

Dann kehren beide um und kommen sich entgegen; denn Jeanne beichtet leise: »Ich habe weg müssen, wir sind acht Geschwister zuhaus, da können Sie sich vorstellen – aber mir ist sehr bang. Freilich, – Alle sind ja gut hier – «, fügt sie ängstlich an – und dann bittet das Mädchen: »Und Sie?«

»Ich?«, der junge Mensch ist zerstreut, »ich? – nein, ich muß nicht fort, weiß Gott, im Gegenteil. Sie sehen ja: ein jeder hier weiß, daß ich den letzten Sonntag hier bin, und tut jemand was dergleichen? Aber trotzdem – Warum lächeln Sie?« unterbricht er sich.

Sie zögert, und dann:

»Sind Sie ein Dichter, bitte?« Ganz rot ist sie und erschrocken wie ein Kind.

»Das ist es eben, Fräulein«, erklärt er – »ich weiß nicht. Und einmal muß man es doch wissen, nicht? So oder so. *Hier* kommt man zu keiner Klarheit darüber. Man kann nicht forttreten von sich, es fehlt die Ruhe, der Raum fehlt, die Perspektive. – Verstehen Sie das, Fräulein?«

»Vielleicht« – nickt die Französin, »aber – – ich meine – Ihr Herr Vater muß doch Freude haben und dann Ihre – – – «

»Meine Mutter, wollen Sie sagen. Hm. Ja, das hat schon so mancher behauptet. Wissen Sie, meine Mutter ist krank. Sie werden ja wohl gehört haben – obwohl man vermeidet, hier ihren Namen zu brauchen. Sie hat meinen Vater verlassen. Sie reist. Sie hat immer nur soviel mit, als sie unterwegs braucht, auch von Liebe – Ich weiß lange nichts von ihr, denn wir schreiben uns seit einem Jahr nicht mehr. Aber gewiß erzählt sie zwischen zwei Stationen im Coupé: ›Mein Sohn ist ein Dichter – ‹«

Pause. –

»Ja, und dann mein Vater. Er ist ein trefflicher Mensch. Ich hab ihn lieb. Er ist so vornehm und hat ein goldechtes Herz. Aber die Leute fragen ihn: ›Was ist Ihr Sohn?‹ Und da schämt er sich und wird verlegen. Was soll man sagen? *Nur* Dichter? Das ist einfach lächerlich. Selbst wenn es möglich wäre – das ist ja kein Stand. Er trägt nichts, man gehört in keine Rangsklasse, hat keine Pensionsberechtigung, kurz: man steht in keinem Zusammenhang mit dem Leben.

Deshalb darf man das nicht unterstützen und zu nichts ›Gut‹ und ›Amen‹ sagen. Begreifen Sie jetzt, daß ich meinem Vater nie etwas zeige – überhaupt niemandem hier; denn man beurteilt meine Versuche nicht, man haßt sie von vornherein, und man haßt mich in ihnen. Und ich habe selbst soviel Zweifel. Wirklich: ganze Nächte lieg ich mit gefalteten Händen wach und quäle mich: ›Bin ich würdig?‹«

Ewald bleibt traurig und still.

Die anderen sind indessen wach geworden und gehen zwei und zwei in die Nebenzimmer, wo die Whisttische bereit stehen.

Der Inspektor ist guter Laune. Er klopft seinem Sohn leise auf die Schulter: »Na, Alter?«

Und Ewald versucht zu lächeln und küßt ihm die Hand.

Er wird *doch* bleiben, – denkt der Inspektor: das ist vernünftig. Und so geht er den anderen nach.

Der junge Tragy vergißt sofort sein Lächeln und klagt: »Sehen Sie, so hält er mich. So leise, nicht mit

Gewalt oder Einfluß, fast nur mit einer Erinnerung, als ob er sagte: ›Du warst einmal klein, und ich habe dir einen Christbaum angezündet jedes Jahr – bedenke –‹ Er macht mich ganz schwach damit. Aus seiner Güte ist kein Ausgang, und hinter seinem Zorn ist ein Abgrund. Zu diesem Sprung hab ich nicht Mut genug.

Ich bin wahrscheinlich überhaupt feige, Sie können mir glauben, feige und unbedeutend. Es wäre mir ganz gut hier zu bleiben, so wie alle es sich denken, brav und bescheiden zu sein und einen und denselben armseligen Tag so hinzuleben immer und immer wieder ...«

»Nein«, sagte Jeanne entschieden – »jetzt lügen Sie ...«

»Oh ja, vielleicht. Sie müssen nämlich wissen: ich lüge sehr oft. Je nach Bedürfnis, einmal nach oben, einmal nach unten; in der Mitte *sollte* ich sein, aber manchmal meine ich, es ist gar nichts dazwischen. Ich komme zum Beispiel zu Besuch zu Tante Auguste. Es ist licht, und die urväterliche Wohnstube ist gerade so recht heimlich. Und ich setze mich ohneweiters in den besten Stuhl, lege die Beine übereinander und sage: ›Liebe Tante‹, sag ich ungefähr –, ›ich bin müde, und deshalb werde ich meine staubigen Füße auf dein Kanapee, gerade auf die netten Schutzdecken legen – erlaube.‹ Und damit die gute Tante durch ihre Freude über diesen Scherz mich nicht unnötig aufhält, tue ich also ohneweiters; denn ich habe noch viel zu erzählen, zum Beispiel dieses: ›Das ist ja alles recht schön und gut; ich weiß, es gibt Gesetze und Sitten, und die Menschen pflegen sich mehr oder minder daran zu halten. Aber mich darfst du nicht zu diesen ehrsamen Staatsbürgern zählen, beste Tante. Ich bin mein eigener Gesetzgeber und König, über mir ist niemand, nicht einmal Gott‹ – Ja, Fräulein, so ungefähr sag ich zu meiner

Tante, und sie ist rot vor Entrüstung. Sie zittert: ›Es haben schon andere sich fügen gelernt … ‹ ›Mag sein‹, antworte ich gleichgültig. ›Du bist nicht der Erste, und für Leute von diesen Ansichten gibt es Narrenhäuser und Zuchthäuser, Gott sei Dank – ‹, meine Tante weint schon – ›von der Art gibt es Hunderte.‹ Aber da bin ich empört: ›Nein‹, schrei ich sie an, ›es gibt keinen wie ich, hat nie einen Solchen gegeben … ‹ Schrei und schrei, denn ich muß mich selbst überschreien mit dieser Phrase. Bis ich plötzlich bemerke, daß ich in einer fremden Stube vor einer hilflosen alten Dame stehe und irgendeine Rolle spiele. Dann schleiche ich scheu davon, laufe die Gasse und tret in meine Stube im letzten Augenblick eh mir die Tränen aus den Augen brechen. Und dann –« Ewald Tragy schüttelt heftig mit dem Kopf, als wollte er die Gedanken, die sich immer weiter bauen, zum Einsturz bringen. Er weiß: ich weine dann, freilich, weil ich mich verraten habe. Aber wie soll ich das erklären und wozu? Das ist ja wieder ein Verrat.

Und er versichert hastig: »Unsinn, Fräulein – Sie dürfen nicht glauben, daß ich wirklich weine – «

Und schon tut ihm die Lüge weh.

Es hat so wohlgetan sich anzuvertrauen und nun ist wieder Alles verdorben. Man muß nicht immer wieder anfangen, denkt Tragy und bleibt verstimmt und stumm.

Das Fräulein schweigt auch.

Sie horchen: die Karten fallen auf die Spieltische, wie Tropfen von Bäumen, die jemand schüttelt. Und von Zeit zu Zeit mit großer Wichtigkeit:

»Die Tante gibt«

oder: »wer meliert?«

oder: »Treff ist atout«,

und: das Kichern der vier Kusinen.

Jeanne denkt nach. Sie will etwas Liebes sagen, also für ihn: etwas Deutsches. Aber sie weiß nicht, wie sie die fremden Worte erwärmen soll, darum bittet sie endlich: »Sei nicht traurig«. Und schämt sich.

Der junge Mensch blickt auf und sieht ihr ernst und sinnend ins Gesicht, solange bis sie aufgehört hat, zu glauben: ich habe sicher Unsinn gesagt. Dann nickt er ein wenig und nimmt ganz ernst ihre Hand, die er vorsichtig zwischen seine beiden legt. Es ist wie ein Versuch, und er weiß nicht, was tun mit dieser Mädchenhand, denn er gibt sie frei, läßt sie einfach fallen, der junge Mensch.

Indessen hat Jeanne einen zweiten deutschen Satz gefunden, auf den sie sehr stolz ist: »Sie haben doch noch nichts verloren?«

Da faltet Ewald die Hände im Schooß und sieht zum Fenster hinaus.

Pause.

»Sie sind so jung – «, tröstet ihn das Mädchen zaghaft.

»Oh« macht er. Er ist wirklich überzeugt, daß das Leben für ihn eigentlich abgetan ist; nicht, daß er mittendurch gegangen wäre, aber ein für allemal vorbei. Er lügt also jetzt nicht und ist wahrhaft traurig: »Jung? Ist es *das*, bitte? Ich habe Alles verloren ...«

Pause.

»auch Gott«, und er bemüht sich, jedes Pathos zu vermeiden. Da lächelt sie; sie ist fromm.

Er versteht dieses Lächeln nicht, gerade jetzt stört es ihn, und er ist einwenig verletzt. Allein sie kommt um Verzeihung bitten, steht auf und sagt:

»Ewald«, sie spricht es aus mit falscher Betonung auf

dem *a* und mit einem dunkeln stummen *e* am Ende, das geheimnisvoll und wie eine Verheißung klingt, »ich glaube, Sie werden Alles erst finden – «

Und dabei steht sie so hoch und feierlich vor ihm.

Er senkt die Stirne tiefer und will prahlen: ›Kind ‹ – so recht wehmütig überlegen, und ist doch so leise dankbar gleich darauf und möchte jubeln dürfen: ›Ich weiß.‹

Und er tut weder das eine, noch das andere.

Da bemerkt jemand im Spielzimmer, daß es so schweigsam geworden sei nebenan. Frau von Wallbach runzelt die Stirn und befiehlt gleich: »Jeanne!«

Jeanne zögert.

Die Hausfrau ist wirklich besorgt, und die vier Kusinen helfen ihr: »Fräulein!«

Da neigt sich die Französin und man weiß nicht, ist das Frage oder Befehl: »Und – Sie reisen?!«

»Ja«, flüstert Ewald rasch. Er fühlt dabei eine Sekunde lang ihre Hand im Haar und verspricht einem fremden jungen Mädchen, in die Welt zu gehen, und weiß gar nicht, wie seltsam das alles ist.

II

Man wird es kaum glauben: Ewald Tragy schläft volle vierzehn Stunden. Und das ist ein fremdes elendes Hotellbett, und auf dem Bahnhofplatz gibt es Lärm und Sonne seit fünf Uhr früh. Er hat sogar vergessen zu träumen, trotzdem er weiß, daß ›erste‹ Träume besondere Bedeutung haben. Er tröstet sich damit, daß sich jetzt Alles erfüllen könne, gleichviel, ob man es träume oder nicht, und zieht diesen leeren Schlaf hinter allem Gestrigen aus wie einen langen, langen Gedankenstrich. Fertig. So, und jetzt? Und jetzt kann es beginnen –

das Leben, oder das, was eben zu beginnen hat der Reihe nach. Der junge Mensch streckt sich behaglich in den Kissen aus. Vielleicht will er so, in dieser wohligen Wärme, die Ereignisse empfangen? Er wartet noch eine halbe Stunde, aber das Leben kommt nicht. Da steht er denn auf und beschließt, ihm entgegenzugehen. Und daß man dies müsse, ist die Erkenntnis des ersten Morgens.

Sie befriedigt ihn, gibt ihm Bewegung und Zweck und treibt ihn hinaus in die neue lichte Stadt.Er weiß zunächst nur, daß die Gassen unendlich lang und die Trambahnen lächerlich klein sind, und ist ohneweiters geneigt, jede dieser beiden Erscheinungen durch die andere zu erklären, was ihn ungemein beruhigt. Alle Dinge interessieren ihn, die großen und bedeutenden nicht zuletzt. Aber je tiefer in den Tag hinein, desto mehr verliert alles an Wert den Regenrinnen gegenüber, vor welchen Tragy immer nachdenklicher stehen bleibt. Er lächelt nichtmehr über die darangeklebten kleinen Zettel und ihre Versprechungen und hat keine Zeit mehr, sich über die seltsame Sprache zu wundern, in der sie abgefaßt sind. Er übersetzt sie mit krampfhafter Geschäftigkeit und schreibt viele Namen und Nummern in sein Taschenbuch.

Endlich macht er den ersten Versuch. Im Flur schiebt er seine Krawatte zurecht und nimmt sich vor: Ich werde sehr höflich sagen: ›Verzeihen Sie, hier ist wohl ein Zimmer für einen Herrn, nichtwahr?‹ Er läutet, wartet und sagt es höflich, hochdeutsch und mit bescheidener Betonung. Eine große breite Frau drängt ihn gleich links in eine Tür, ehe er mit seiner Frage zuende ist.

»Wissen S' ich sags gleich wie es is. Sauber is's. Und wenn S' sonst noch was brauchen...« Und damit erwartet sie, die Hände in die Hüften gestemmt, seine Entscheidung.

Das ist eine kleine Stube, zweifensterig mit alten umständlichen Möbeln und schon ganz voll Dämmerung, so daß man das Gefühl hat, eine Menge Dinge mit zu mieten, von denen man sich nicht träumen läßt.

Und wie nun der junge Mann so gar nichts sagt und sich kaum umsieht in dem dunklen Zimmer, fügt die Frau zögernd an: »Und 's macht halt zwanzig Mark im Monat samt Frühstück, soviel haben wir halt immer bekommen –« Tragy nickt ein paar Mal. Dann tritt er näher an den alten Sekretär heran, der in einer Ecke steht, prüft die breite aufgeklappte Schreibplatte und lächelt, zieht zwei oder drei von den kleinen Schubläden im Hintergrund auf und lächelt wieder: »Der bleibt doch hier stehn, der Schreibtisch?« erkundigt er sich und ist ganz entschlossen: ich bleibe auch. Aber dann fällt ihm die lange Reihe von Nummern in seinem Taschenbuch ein, wie eine Pflicht, und er meint schnell: »Das heißt, bis morgen darf ich mirs wohl überlegen?«

»Ja wegen meiner –«

Und Tragy merkt sich gut das Haus und schreibt in sein Taschenbuch: ›Frau Schuster, Finkenstraße 17 Hinterhaus, parterre, Schreibtisch.‹ Hinter ›Schreibtisch‹ drei Rufzeichen. Dann ist er sehr zufrieden mit sich und versucht nichts mehr an diesem Tage.

Aber am nächsten Morgen beginnt er ganz früh seinem Taschenbuch nachzugehen. Und das ist keine Kleinigkeit. Vormittags, solang die Leute noch ausgeschlafen und die Stuben gut gelüftet sind, freut ihn seine Wanderung noch einigermaßen. Er notiert pünktlich alle Vorzüge – dort einen Erker mit Aussicht, gegenüber ein Kanapee, und ein Badezimmer in Nummer 23, zwei Treppen, nirgends mehr ein Schreibtisch, allerdings. Dafür bringt er da und dort kleine Warnungen an, zum Beispiel: ›kleine Kinder‹ oder: ›Klavier‹ oder: ›Wirtshaus‹. Dann werden die Notizen immer karger und hastiger; seine Eindrücke verändern sich ganz seltsam. In gleichem Maße mit der Unfähigkeit seiner Augen wächst die Empfindlichkeit seiner Geruchsnerven, und um Mittag hat er diesen vernachlässigten Sinn soweit ausgebildet, daß ihm die Außenwelt einzig durch ihn mehr zum Bewußtsein kommt. Er denkt: Aha, Linsen, oder: Sauerkohl, und wendet sich schon auf der Schwelle um, wenn ihm irgendwo ein Wäschetag entgegenqualmt. Er vergißt ganz den Zweck seiner Besuche und beschränkt sich, einfach die Eigenart der einzelnen Atmosphären festzustellen, welche ihm aus den lächerlich kleinen Küchen, gleich losgelassenen Hunden, entgegenstürzen. Dabei rennt er heulende kleine Kinder um, lächelt den erzürnten Müttern dankbar ins Gesicht und versichert stumme Greise, die er irgendwo in einem Stubenwinkel aufstört, seiner besonderen Hochachtung.

Schließlich dunkeln alle Flure, und da kommt ihm in jeder Tür, wo immer er läuten mag, immer dieselbe breite Frau entgegen, dieselben Kinder heulen ihn überall an, und im Hintergrund ist immer wieder dieser gestörte alte Herr mit den erschreckten verständnislosen Augen.

Da flieht Ewald Tragy, atemlos. Als er sich erholt, findet er sich vor dem uralten Schreibtisch mit den vielen Schubladen und hat just begonnen zu schreiben: ›Lieber Papa, meine Wohnung ist also: Finkenstraße 17 bei Schuster.‹ Dann denkt er lange nach und beschließt endlich, den Brief erst morgen weiterzuschreiben.

Und später braucht er den Sekretär selten. Er lebt die ersten Wochen so hin, den ganzen Tag außer Haus, ohne rechten Plan, stets in dem Gefühl: Ja, was wollt ich denn eigentlich? Er geht in die Galerien, und die Bilder enttäuschen ihn. Er kauft sich einen ›Führer durch München‹ und wird müde dabei. Endlich sucht er sich so zu benehmen, als ob er jahrelang hier leben würde, und das ist nicht leicht. Er sitzt am Sonntag mitten unter den Philistern in einem Brauhausgarten und wandert hinaus auf die Oktoberwiese, wo die Buden und Ringelspiele aufgeschlagen sind, und fährt nachmittags in einer Droschke in den ›Englischen Garten‹. Da gibt es manchmal eine Stunde, die er nicht vergessen möchte. So zwischen fünf und sechs, wenn die Wolken auf dem hohen Himmel so phantastisch werden in Form und Farbe und sich plötzlich wie Berge hinter den flachen Wiesen des ›Englischen Gartens‹ aufbauen, so daß man denken muß: Morgen will ich auf diese Gipfel steigen. Und morgen ist dann ein Regentag und der Nebel liegt dicht und schwer über den endlosen Gassen. Immer wieder kommt so ein Morgen, das einem die Dinge aus den Händen nimmt, und der junge Mensch wartet, bis es anders wird. Er hat niemanden, den er fragen könnte, was man tut in seinem Fall. Mit der Hausfrau spricht er, wenn sie ihm das Frühstück bringt, zehn Worte, und an jedem Abend begegnet er ihrem Mann, dem gräflichen Herrschaftskutscher, und grüßt ihn sehr höflich. Er weiß, daß die beiden eine Tochter haben, und hört oft, wenn das Haus ganz stille geworden ist, durch die Wand »Mama –« und eine feine Mädchenstimme. Sie liest etwas vor, und man kann manchmal meinen, daß es Verse sind.

Das macht, daß Ewald jetzt früher nachhause kommt, seinen Tee trinkt und über einer Arbeit oder einem Buch wachbleibt weit in die Nacht hinein. Jedesmal wenn die Stimme nebenan beginnt, lächelt er, und so wird ihm seine Stube langsam lieb. Er beschäftigt sich mehr mit ihr, bringt Blumen nachhause und spricht tagsüber oft laut, als hätte er kein Geheimnis mehr vor diesen vier Wänden. Aber so sehr er sich darum bemüht, es bleibt etwas Kaltes, Ablehnendes an den Dingen, und er hat oft am Abend das Gefühl, als wohnte jemand hier neben ihm, der alle Gegenstände, unbeschadet seiner Anwesenheit, gebraucht und dem sie auch willig zu Gebote sind. Das wird noch verstärkt in ihm durch folgenden Vorfall.

»Merkwürdig«, sagt Ewald eines Morgens, gerade als Frau Schuster den Kaffee hinstellt, »sehen Sie mal, bitte, diese beiden Schubladen des Schreibtisches wollen nicht aufgehen. Haben Sie vielleicht einen Schlüssel? Sonst könnte man ja einen machen lassen –?« Und er rüttelt an den beiden heimlichsten Laden des Schrankes.

»Sie müssen schon verzeihen –« zögert Frau Schuster, und sie spricht hochdeutsch in ihrer Verlegenheit, »aber ich darf diese beiden Laden nicht aufmachen, nämlich –«

Tragy blickt erstaunt auf.

»Sie müssen nämlich wissen, Herr, das is so: mal haben wir ein' Herrn ghabt, dems sehr schlecht gangen is. Und weil er uns nicht hat zahlen können, hat er uns die Kommode dagelassen und hat gsagt: da in den zwei Laden laß ich Ihnen wichtige Papiere zum Pfand, – hat er gsagt und hat den Schlüssel mitg'nommen ...«

»So, so« macht Tragy und sieht gleichgültig aus. »Das ist schon lang?«

»Mna«, überlegt die Frau, »so sieben Jahr oder Jahr acht

könntens schon sein, wohl, wohl – daß wir nichts mehr von ihm ghört haben; aber leicht kommt er doch mal und holts. Nicht? Man kann nicht wissen...«

»Freilich, freilich –«, sagt Tragy obenhin, nimmt den Hut und geht fort. Er hat ganz vergessen zu frühstücken.

Seither arbeitet Tragy an dem ovalen Sofatisch, den er quer vor das andere Fenster geschoben hat; denn der Oktober macht Fortschritte, und der Sekretär steht viel zu nah an den Scheiben. So erklärt sich diese Veränderung auf die allernatürlichste Weise.

Und der junge Mensch findet noch manches zugunsten des neuen Platzes, zum Beispiel: daß man so geradezu ins Fenster sieht. Wie ein Bild ist es. Dieser Hof, in dem so langsam die Kastanien welk werden. (Es sind doch Kastanien?) Ein alter Steinbrunnen, ganz im Hintergrund, rinnt und rinnt wie ein Lied, wie eine Begleitung zu Allem. Und es ist sogar etwas wie ein Relief auf dem Sockel. Ja, wenn man nur sehen könnte, was es darstellt. Ach, wie bald es doch dunkel wird, man wird gleich die Lampe anzünden müssen. Übrigens: wenn draußen gar kein Wind ist, wie jetzt, wie dann die Blätter langsam fallen, lächerlich langsam, Da bleibt eines fast stehen in der dicken feuchten Luft und schaut herein und schaut herein – wie Gesichter, wie Gesichter, wie Gesichter... denkt Tragy und sitzt ruhig und reglos und läßt es geschehen, daß jemand sich ans Fenster lehnt und hereinstiert, so nah, daß die Nase sich an den Scheiben eindrückt und die Züge etwas Breites, Vampyrhaftes, Gieriges bekommen. Ewalds Blicke folgen, ganz verloren, den Linien dieses Gesichtes, bis sie plötzlich in die lauernden fremden Augen stürzen, wie in Abgründe. Das bringt ihn zum Bewußtsein. Er springt auf und ist schon am Fenster. Die Riegel geben seinen zitternden Händen nicht gleich nach, und der draußen ist schon weit, als Tragy sich in den Nebel hinauslehnt.

Offenbar hat die kühle Luft ihn beruhigt; denn er tut gar nichts Außergewöhnliches weiter. Er zündet die Lampe an, bereitet seinen Tee wie an jedem anderen Tage und man kann meinen, daß das Buch vor ihm ihn interessiere.

Nur das Eine ist seltsam: er geht nicht schlafen. Er wartet bis die Lampe verlischt; das ist etwa um halb zwei. Da brennt er die Kerze an und sieht geduldig zu, bis sie, ganz im Leuchter, schmilzt. Und da ist auch schon ein scheues Licht hinter den Scheiben. Eine kurze Nacht, nicht? Ewald denkt nicht etwa darüber nach, ob er ausziehen soll. Das ist natürlich. Er überlegt nur, wie er das sagen wird: ›Es tut mir leid, Frau Schuster‹, oder: ›Ich bin wirklich zufrieden gewesen bei Ihnen, aber…‹ Und er baut und baut an diesem armsäligen Satz.

Und mit Morgen ist er überzeugt, daß man nicht daran denken kann, zu kündigen, weil sich das überhaupt in keiner Art ausdrücken läßt. Man bleibt also. Man muß sich eben einrichten. Es ist eben so mit diesen Stuben; die, welche vorher hier gewohnt haben, sind noch nicht ganz draußen, und die welche nach Ewald Tragy kommen, warten schon. Was bleibt da übrig, als verträglich sein. Und an diesem Sonntag beschließt Ewald, sich so klein wie möglich zu machen, um keinen von seinen unbekannten Zimmergenossen zu stören, und einfach so mitzuleben als der Geringste in diesem Massenquartier in der Finkenstraße.

Und sieh: das geht. Es gibt ein paar ganz erträgliche Wochen und man kommt so sachte in den November hinein und erhält für den kurzen, traurigen Tag eine lange Nacht geschenkt, in der alles mögliche Raum hat.

Gleich mal zunächst: ›Das Luitpold‹. Das ist doch etwas. Man setzt sich zu einem der kleinen Marmortischchen und legt einen Stoß Zeitungen neben sich und sieht gleich furchtbar beschäftigt aus. Dann kommt das Fräulein in Schwarz und gießt so im Vorübergehen die Tasse mit dem dünnen Kaffee voll, o Gott, so voll, daß man sich gar nicht traut, auch noch den Zucker hineinzuwerfen. Dabei sagt man: »Mittel« oder: »Schwarz«, und es wird ganz nach Wunsch und Wink: ›mittel‹ oder ›schwarz‹. Zum Überfluß sagt man doch noch etwas Scherzhaftes, wenn man es gerade bei der Hand hat, und dann lächelt die Minna oder Bertha etwas müde ins Unbestimmte hinein und schwenkt die Nickelkannen in der Rechten her und hin.

Tragy sieht das nur an anderen Tischen. Er beschränkt sich auf ein Danke, denn ihm sind diese schwarzen Damen, die am Tage so welk aussehen, sehr unsympathisch; nur die kleine Betty, die ihm das Wasser bringt, bedauert er. Weiß der Himmel warum er ihr etwas Liebes tun möchte, aber es ist Tatsache, er drückt ihr einmal außer dem Trinkgeld ein klein zusammengefaltetes Papier in die Hand und freut sich, daß ihr die Augen glänzen. Das ist ein Los irgendeiner Wohltätigkeitslotterie und man kann 50 000 Mark gewinnen damit. Aber die kleine Betty sieht sehr enttäuscht aus, als sie nach einer Weile hinter der Säule hervorkommt, und sagt gar nicht: Danke. Das sind so kleine Zufälle, die den jungen Menschen tiefer berühren, als er selber meint. Sie geben ihm das Gefühl, ausgeschlossen zu sein, gleichsam die Sitten eines fernen Landes fortzuleben unter allen diesen

Menschen, die sich mit einem Lächeln und im Vorübergehen verstehen. Er möchte so gern einer von ihnen sein, irgendeiner im Strome, und dann und wann glaubt er es fast. Bis eine Kleinigkeit geschieht, welche beweist, daß sich nichts an dem Verhältnis geändert hat: er auf der einen Seite und alle Welt drüben. Und da lebe nun einer.

Gerade zu dieser Zeit, da Tragy das Bedürfnis hat, jemanden kennen zu lernen, empfängt er einen Brief. Der lautet: »Ich höre durch Zufall, daß Sie in München sind. Ich habe manches von Ihnen gelesen und stelle es mir schön vor, wenn wir uns sehen würden, bei Ihnen, bei mir oder an einem dritten Ort, wie Sie wollen und – *wenn* Sie wollen.«

Und Tragy will nicht. Er kennt den Namen, welcher unter dem Brief steht, längst aus Zeitschriften und Gedichtanthologieen und hat gar nichts gegen Wilhelm von Kranz, durchaus nicht. Aber im Augenblick, da dieser Herr ihn anrührt, kriecht er wie eine Schnecke in sich zusammen. Was er noch gestern gewünscht hat, wird eine Gefahr im Moment, da es sich erfüllen kann, und es scheint ihm unerhört, daß da jemand ist, der so ohneweiters, mit den staubigen Schuhen sozusagen, in seine Einsamkeit will, darin er selber nur ganz leise aufzutreten wagt. So gibt er nicht nur keine Antwort, sondern meidet sogar vorsichtig jeden ›dritten Ort‹, ist oft zuhause und bekommt so gelegentlich auch die Haustochter zu Gesicht, von der er bislang nur die Stimme kannte.

Er sagt ihr einmal, als sie ihm den Kaffee bringt: »Und was lesen Sie immer abends, Fräulein Sophie?«

»Oh, was wir gerade haben. Viel Bücher haben wir nicht – aber, hört man es denn hier?«

»Wort für Wort«, übertreibt Ewald.

»Stört es Sie sehr?«

Und Tragy sagt nur: »Nein, es stört mich nicht. Aber wenn Sie gern lesen, will ich Ihnen geben, was ich mithabe. Es ist nicht vieles, aber viel.« Und er reicht ihr einen Band Goethe.

Das ist ein ganz kleiner Verkehr zwischen ihnen, aber er füllt bei Tragy etwas aus, wird ein steter Gedanke mitten in dem Vielen, das durch seine Seele strömt, und er ruht gerne aus darin. Jemandem solche Bücher leihen ist schließlich dasselbe wie ihm ein Los schenken. Aber diesmal erhält Tragy einen sympathischen Dank dafür. Das macht ihn froh.

Er war guter Laune auch an dem Nachmittag, da er so unerwartet nachhause kommt und in seiner Stube Stimmen hört. Er zögert und horcht. Rasche, halblaute Worte, die vor seinen Schritten zu flüchten scheinen, und dann steht ein junger Mensch mit einem breiten dicken Gesicht vor der Tür und pfeift, pfeift so in den Tag hinein, mir nichts und dir nichts. Und eben da Ewald ihn zu Rede stellen will, tritt Sophie aus seiner Tür, sehr blaß, und tut als ob das alles selbstverständlich wäre. Dann sagt sie unsicher: »Es ist der Herr hier, – der ... er wollte das Zimmer sehen, Herr Tragy.«

Die beiden jungen Leute sehen sich ins Gesicht. Der Fremde hört auf zu pfeifen und grüßt. Und da er höflich lächelt dabei, wird das Gesicht breit und verschwommen, und Tragy muß an etwas Häßliches denken. Trotzdem dankt er flüchtig, so mit der Hand an der Krempe, und tritt in seine Stube.

Er bemerkt erst nach einer Weile, daß Sophie hinten an der Tür steht, hat plötzlich fürchterlich viel zu tun, trägt

Dinge ganz überflüssiger Weise von einem Tisch zum andern und bückt sich gelegentlich, um etwas aufzuheben. Aber endlich ist er doch fertig mit diesem unseligen Aufräumen und er muß nun wahrscheinlich das Mädchen fragen: Was wollen Sie? Denn so kann sie doch nicht stehen bleiben wollen ohne Grund.

Plötzlich fällt ihm etwas ein und er spricht nach der andern Seite hin, irgendwohin in eine Ecke: »Sie können beruhigt sein, ich werde nichts sagen. Das wollen Sie ja doch hören, nichtwahr? Also gut. Aber ich ziehe aus im nächsten Monat; ich habe ohnehin die Absicht gehabt –«

Und da sitzt er schon am Tisch und schreibt, tief, als ob er seit zwei Stunden schriebe. Es wird aber nur ein ganz kurzer Brief an Herrn von Kranz, darin er ihn bittet, morgen um vier im ›Luitpold‹ zu sein, wenn es ihm passe. Erst nachdem er die Adresse beendet hat, sieht er sich vorsichtig um. Es ist niemand mehr da, und Ewald wechselt Schuhe und Anzug, denn er hat vor, auswärts zur Nacht zu essen.

Herrn von Kranz paßt die Stunde, wie ihm eine jede Stunde gepaßt haben würde. Er ist nicht übermäßig beschäftigt, nämlich. Er schreibt etwas Großes, ein Epos oder etwas über das Epos hinaus, jedenfalls etwas ganz Neues, etwas ›in Höhepunkten‹, so hat er dem neuen Bekannten versichert in der ersten halben Stunde. Eine solche Arbeit hängt aber, wie man weiß, einzig von der Inspiration ab, von der tiefen Begeisterung, welche (nach Herrn von Kranz) »den Traum des dunklen Mittelalters erfüllt und es versteht, aus allen Dingen Gold zu machen«. So etwas geschieht freilich mitten in der Nacht oder sonst unglaublich wann, nicht um vier Uhr nachmittags, zu einer Zeit, da sich bekanntlich die allergewöhnlichsten Dinge ereignen können. Und deshalb ist Herr von Kranz frei und sitzt im ›Luitpold‹, Tragy gegenüber. Er ist sehr beredt, denn Ewald schweigt viel, und Kranz liebt das Schweigen nicht, scheint es. Er hält das für das Vorrecht der Einsamen, wo aber zwei oder drei beisammen sind, da hat es tatsächlich keinen Sinn, wenigstens keinen, den man auf den ersten Blick begreift. Und nur nichts Dunkles und Unverständliches, im Leben wenigstens. In der Kunst? Ah das ist etwas anderes, da hat man ja das Symbol, nichtwahr? Dunkle Umrisse vor lichtem Hintergrund, nichtwahr? Verschleierte Bilder – nicht? Aber im Leben – Symbole, oh – lächerlich.

Manchmal sagt Ewald: »Ja« und wundert sich, woher in aller Welt er diese Unmenge unverbrauchter ›Ja‹ in sich hat. Und wundert sich über die großen Worte und über das kleine Leben irgendwo tief unten. Denn er lernt in diesem Nachmittag die ganze Weltanschauung des Herrn von Kranz, diese Weltanschauung aus der Vogelperspektive, kennen und – und wundert sich eben. Er ist jung, nimmt die Dinge wie Tatsachen und die Sensationen für Schicksale hin und hat dann und wann das Bedürfnis, etwas von diesen glänzenden Konfessionen aufzuschreiben, weil ihr ganzer Zusammenhang, weithin, ihm unübersehbar scheint. Was ihn aber am meisten überrascht, das ist das Fertige aller dieser Überzeugungen, die sorglose Leichtigkeit, womit Kranz eine Erkenntnis neben die andere setzt, lauter Eier des Kolumbus: wenn eines nicht gleich aufrecht bleiben will, ein Schlag auf die Tischplatte und – es steht.

Ob das Geschicklichkeit ist oder Kraft – wer mag das

entscheiden? Herr von Kranz ist aufrichtig bei der Sache. Er spricht sehr laut und hat offenbar den Ort der Handlung ganz vergessen. Wie ein Sturm, der fremden Stuben die Fenster aufreißt, bricht seine Rede in alle Gespräche, so daß man endlich nachgibt und allenthalben die Fenster offen läßt. Und da ist eben der Sturm obenauf. Sogar die schöne Minna vergißt einzuschenken, bleibt an einer Säule lehnen und hört zu. Nur leider mit ganz impertinenten Augen. Und plötzlich fängt sie mit diesen großen, grünen Augen die blitzenden Blicke des Dichters auf und bändigt sie, macht sie klein, unbedeutend, nichtswürdig und läßt sie mit einem infamen Lächeln einfach fallen.

Herr von Kranz verliert einen Moment die Fassung. Er wankt im Sattel, tut aber gleich, als sei das eine beabsichtigte Schwenkung gewesen und wirft der Schönen ein Wort zu, so ein klebriges, mehr Frosch als Blume. Dann ist er gleich wieder bei der Sache und ist sogar an einem Höhepunkt, an der Stelle nämlich: »Wie ich Nietzsche überwand.«

Aber Ewald Tragy hört auf einmal nicht mehr zu. Er entdeckt das erst viel später, als Kranz an irgendeinem Ende ist und wartet. Dieses Warten bedeutet: Und Sie? Sie haben doch auch so etwas wie eine Meinung von Alledem, hoffentlich. Weltanschauung um Weltanschauung, bitte?

Tragy begreift das nicht gleich, und als er es schließlich versteht, gerät er in unbeschreibliche Verwirrung. Er steht so mitten in allem, wie tief im Wald, und sieht nichts als Stämme, Stämme, Stämme und weiß kaum, ob Tag oder Nacht ist über ihnen. Und doch soll er genau die Stunde nennen, auf die Minute genau, so daß gar kein

Zweifel möglich ist. Er fürchtet durch sein Schweigen Herrn von Kranz zu verletzen; aber der wird immer milder, teilnahmsvoller, väterlich fast. Und er befiehlt rasch: »zahlen!« So feinfühlig ist er.

In den nächsten Tagen aber empfindet Tragy immer deutlicher, daß er dem neuen Bekannten etwas geben müsse von sich, nicht aus Sympathie, sondern weil er doch nach jenem freimütigen Nachmittag sein Schuldner geworden ist im Vertrauen. Und als die beiden einmal im ›Englischen Garten‹ gehen – es ist wieder so eine Dämmerung mit Wolkenbergen am Horizont –, sagt er unvermittelt: »Immer war ich so ganz allein. Mit zehn Jahren kam ich aus dem Haus in die Militärerziehung unter fünfhundert Kameraden und – trotzdem... Ich war sehr unglücklich dort – fünf Jahre. Und dann steckten sie mich wieder in eine Schule, und dann wieder in eine, und so fort. Ich war immer allein, wissen Sie...«

Wenn es weiter nichts ist, denkt Herr von Kranz, dem läßt sich abhelfen. Und seither ist er jeden Augenblick bei Ewald, früh, Vormittag, oft bis weit in die Nacht. Und er tut das so selbstverständlich, daß Tragy nicht mehr wagt, seine Einsamkeit zu verriegeln; er lebt bei offenen Türen, sozusagen. Und Herr von Kranz kommt und geht und kommt und geht. Er hat ein Recht dazu, denn: »Wir haben ganz das gleiche Los, lieber Freund Tragy –« behauptet er. »Auch mich verstehn sie nicht zuhaus, natürlich. Sie nennen mich überspannt, verrückt, als ob –«; er vergißt bei diesem Anlaß nie anzufügen, daß sein Vater Hofmarschall ist an einem kleinen deutschen Hofe und daß man in diesen Kreisen – er schätzt sie offenbar sehr gering – die bekannten konservativ vornehmen Ansichten habe. Eben diesen Ansichten hat er es ja auch zu danken, daß er Lieutenant, man bedenke, Lieutenant bei der Garde werden mußte, und er versichert, daß es arge Mühe kostete nach einem Jahr in die Reserve zurückzutreten, gleichsam über die Sympathieen der Vorgesetzten und der Untergebenen weg. Und vollends, daß man zuhause auf Schloß Seewies-Kranz mit seiner neuen Berufswahl nicht, aber ganz und gar nicht einverstanden sei und ihm die Prügel nur so vor die Füße werfe, das brauche er wohl kaum noch zu versichern. Aber trotzalledem gebe er den Kampf nicht auf. Im Gegenteil. Er habe sich verlobt, ja, ganz regelrecht verlobt, mit gedruckten Anzeigen verlobt. Sie ist aus den besten Familien, natürlich, vornehm, gut erzogen, nicht reich, aber beinahe adelig. (Ihre Mutter ist eine Gräfin Soundso). Nun und dieser Schritt, den er ohneweiters unternahm, ist doch ein Beweis seiner Freiheit, gewissermaßen. Auch soll es nicht zu lange dauern bis zur Hochzeit, nämlich: »Mein Austritt aus der Kirche –« Kranz zwirbelt seinen blonden Schnurrbart auf und lächelt.

»Ja –« sagt er, ungemein zufrieden mit sich und mit Tragys Erstaunen, »das ist ein Schlag, was? Ich entsage dabei meiner Offiziers-charge, natürlich – ich opfere sie auf für meine Überzeugung. Einer Gemeinschaft anzugehören, deren Gesetze man nicht erfüllt, ist eine Untreue gegen sich selbst...«

›Untreue gegen sich selbst‹, fällt Tragy einmal mitten in der Nacht ein, wie fertig das wieder ist, wie klar, wie überwunden. Und er erinnert sich seither fast jede Nacht an irgend eine Stelle aus seinen Gesprächen mit Kranz, und sie scheinen ihm alle gleich trefflich und bezeichnend. Die Folgen bleiben nicht aus.

Eines Morgens, im November noch, erwacht Tragy

und hat eine Weltanschauung. Wirklich. Sie läßt sich gar nicht leugnen, sie ist da, alle Anzeichen sprechen dafür. Er weiß nicht recht, wem sie gehört, aber da er sie doch nun mal bei sich gefunden hat, nimmt er an, daß es die seine sei. Selbstverständlich bringt er sie nächstens mit ins ›Luitpold‹. Und kaum hat er sie gezeigt, besitzt er schon eine Menge Bekannte, die fast wie Freunde sind, ihm von seinen Gedichten erzählen, die sie Alle kennen, und ihm alle fünf Minuten Zigaretten anbieten: »Aber nehmen Sie doch.« Fehlt nur noch, daß sie ihn auf die Schulter klopfen und Du sagen. Aber Tragy raucht nicht, obwohl er fühlt, daß dies zu seiner Weltanschauung gehört, so gut wie der Sherry, den er vor sich stehen hat, und die Absicht, den Abend in den Blumensälen zuzubringen, wo die berühmte Branicka singt.

Und da behauptet gerade jemand, Kranz kenne sie wohl sehr genau, die Branicka. »Wie?«

Kranz hebt die Achseln hoch und dreht den Schnurrbart; er ist auf einmal ganz Lieutenant, ist ›von‹ Kranz. Und es witzelt einer: »Ja nach den Stunden, die er bei seiner Braut verbringt, braucht er doch – eine Ableitung.« Und großes Gelächter; denn das finden alle treffend, ›fein‹, wie der technische Ausdruck lautet, und Kranz selber nennt es so.

Er fühlt sich überhaupt herzlich wohl unter diesen jungen Leuten, die zum Überfluß auch Namen haben, obgleich es genügt hätte, sie zur Unterscheidung zu numerieren. Eine hohe Meinung hat Kranz allerdings nicht von seinen täglichen Genossen, sie sind ihm so eine Art Hintergrund für die eigene Persönlichkeit, und wenn Tragy mal nach einem von ihnen fragt, gibt er obenhin: »Der? Na man kann noch nicht wissen, ob er Talent hat, vielleicht –« und wählt das zum Anlaß eines längeren Gespräches über die ›Aufgaben der Kunst‹, über die ›technischen Forderungen des Dramas‹ oder das ›Epos der Zukunft‹.

Auch hier fühlt sich Tragy ganz unerfahren, und es kann zu keiner gerechten Erörterung kommen, weil er nur selten etwas zu entgegnen weiß. Aber wenn ihn seine Unwissenheit in den anderen Fällen beunruhigt, diesen Dingen gegenüber empfindet er sie wie einen Schild, hinter dem er irgendwas Liebes, Tiefes – er vermag nicht zu denken was – bergen kann, vor irgendeiner fremden Gefahr, und er weiß nicht zu sagen – vor welcher. Er scheut sich auch manches, was ihm in einer leisen Stunde gelingt, dem Genossen zu zeigen und liest ihm nur ganz selten mit halber, unbewußt klagender Stimme ein paar blasse Verse vor und bereut es gleich darauf und schämt sich vor dem bereiten Beifall des anderen, der so laut und rücksichtslos ist. Seine Verse sind eben krank, und man soll nicht laut sprechen in ihrer Gegenwart.

Im übrigen bleibt Tragy nicht viel Zeit für solche Heimlichkeiten. Es stehen mit einem Male soviel Dinge in seinen Tagen, und trotzdem kommt er jetzt leichter durch als früher, da sie leer waren und man sich nirgends halten konnte. Es gibt eine Menge kleiner Pflichten, tägliche Verabredungen mit Kranz und seinem Kreis, ein stetes Beschäftigtsein ohne eigentlichen Sinn und Gespräche, die man überall enden konnte, an jeder beliebigen Stelle. Dafür fehlt jede Erregung und Unruhe; es ist ein immerwährendes Mitgehen, und der eigene Wille hat nichts zu tun. Eine einzige wirkliche Gefahr besteht noch: das Alleinsein – und davor weiß jeder den andern zu behüten.

So ist Alles bis zu jenem Nachmittag, da Herr von Kranz, bedeutender als je, im ›Luitpold‹ sitzt und Tragy erklärt:

»Solange wir das nicht erreichen, – ist nichts. Wir brauchen eine Höhenkunst, lieber Freund, so etwas über Tausende hin. Zeichen, die auf allen Bergen flammen von Land zu Land – eine Kunst wie ein Aufruf, eine Signalkunst –«

»Quatsch«, sagt jemand hinter ihm, und das fällt wie nasser Mörtel auf die glänzende Beredsamkeit des Dichters und deckt sie zu.

Dieses ›Quatsch‹ gehört einem kleinen schwarzen Mann, der einen langen Zug tut aus einem unglaublich verbrauchten Zigarrenrest, und zugleich mit der Asche glimmen seine großen schwarzen Augen auf und verlöschen mit ihr. Dann geht er ruhig weiter, und Herr von Kranz ruft geärgert hinter ihm her: »Natürlich, Thalmann –«

Und fügt für Ewald hinzu: »Er ist ein Flegel. Man müßte ihn einmal zu Rede stellen. Aber er hat ja keine Art. Er zählt überhaupt nicht mit. Ihn nicht beachten, das ist das beste –«, und er hat gute Lust, seine Erörterungen über die Höhenkunst wieder aufzunehmen. Allein Tragy wehrt sich mit ungewohnter Energie dagegen und fragt unbeirrt: »Wer ist das?«

»Ein Jude aus irgendeinem kleinen Nest, schreibt Romane, glaub ich. Eine von den zweifelhaften Existenzen, wie es hier Dutzende gibt, Dutzende. Das kommt heute man weiß nicht woher und geht übermorgen und man weiß nicht wohin, und es bleibt nichts zurück als einwenig Schmutz. Sie dürfen sich nicht täuschen lassen durch diese Gesten, lieber Tragy…«

Seine Stimme wird ungeduldig und das heißt: ein für alle Mal und genug davon. Und Tragy ist auch ganz einverstanden und bereit, sich nicht täuschen zu lassen.

Aber es ist doch ein Abschnitt, dieser Nachmittag. Er kann dieses lächerliche ›Quatsch‹ nicht vergessen, das so schwer und breit auf die Begeisterung des Propheten fiel und, was das Schlimmere ist, er hört es noch immer fallen – hinter jedem großen Geständnis des Herrn von Kranz klatscht es herunter, und er sieht irgendwo in der Erinnerung den kleinen schwarzen Mann mit den breiten Schultern und dem schäbigen Rock stehen und lächeln.

Und ganz so findet er ihne eine Woche später abends in den Blumensälen. Es ist ihm natürlich, auf ihn zuzugehen und ihn zu begrüßen. Gott weiß warum. Der andere ist auch nicht erstaunt darüber, er fragt nur: »Sind Sie mit Kranz hier?«

»Kranz wollte nachkommen.«

Pause, und dann: »Ist Ihnen Kranz nicht sympathisch?«

Thalmann nickt jemandem im Parterre zu und antwortet nebenbei: »Sympathisch, machen Sie doch nicht solche Worte. Er langweilt mich.«

»Und sonst langweilen Sie sich nie? –« Tragy ist gereizt durch die geringschätzige Art des andern.

»Nein, ich habe nicht Zeit dazu.«

»Merkwürdig, daß man Sie dann hier findet?«

»Wieso?«

»Hier geht man doch nur aus Langweile her?«

»Vielleicht andere, ich nicht.«

Tragy staunt über seine eigene Hartnäckigkeit. Er gibt nicht nach: »Dann haben Sie also Interesse...?«

»Nein«, macht der Schwarze und geht weiter. Tragy hinter ihm: »Sondern?«

Thalmann wendet sich kurz: »Mitleid.«

»Mit wem?«

»Mit Ihnen zunächst.« So läßt er Tragy zurück und geht, wie damals im ›Luitpold‹, ruhig weiter. Und Ewald ist schon um elf zuhaus und schläft schlecht in dieser Nacht.

Am nächsten Tag ist Schnee gefallen. Alle Welt ist froh über das Ereignis, und die einander in den weißen Straßen begegnen, lächeln sich zu: »Er bleibt liegen«, und freuen sich. Ewald findet Thalmann an der Ecke der Theresienstraße, und sie gehen ein Stück weit zusammen. Lange still, bis Ewald beginnt: »Sie schreiben, nicht wahr?«

»Ja, auch das, gelegentlich.«

»Auch? So ist das nicht Ihre eigentliche Beschäftigung?«

»Nein –«

Pause.

»Was tun Sie denn also, bitte?«

»Schauen.«

»Wie?«

»Schauen und das andere – Essen, Trinken, Schlafen, dann und wann, nichts Besonderes.«

»Man sollte meinen, daß Sie sich in einem fort lustig machen.«

»So, worüber?«

»Über Alles, über Gott und die Welt.«

Da antwortet Thalmann nicht, sondern lächelt so: »Und Sie, Sie machen wohl viele Gedichte?«

Tragy wird ganz rot und schweigt. Er kann kein Wort hervorbringen.

Und Thalmann lächelt nur.

»Halten Sie das für eine Schande?« zwingt Tragy endlich heraus und friert.

»Nein. Ich halte überhaupt nichts für – etwas. Es ist nur – überflüssig. Doch, ich muß da hinauf.« Und im Tor: »Adieu, und Sie können recht haben mit dem Lustigmachen.«

Und nun ist Tragy wieder allein. Er muß an die Zeit denken, da er zehnjährig und verzärtelt aus dem Haus kam, unter lauter Roheit und Gleichgültigkeit, und er fühlt sich ganz so wie damals, erschrocken, hilflos, unfähig. Es ist immer dasselbe. Als ob ihm etwas fehlte zum Leben, irgend ein wichtiges Organ, ohne welches man eben nicht vorwärts kommt. Wozu immer wieder diese Versuche?

Er kommt müde nachhause wie von einem weiten Weg und weiß nicht, was er mit sich beginnen soll. Er stöbert in alten Briefen und Erinnerungen und liest auch die Gedichte durch, jene letzten, leisesten, welche selbst Herr von Kranz nicht kennt. Und da findet er sich und erkennt sich wieder, langsam Zug für Zug, als ob er lange fern gewesen wäre. Und in der ersten Freude schreibt er einen Brief an Thalmann und strömt über von Dankbarkeit:

»Sie haben ganz recht«, heißt es darin, »ich war ja so falsch und phrasenhaft geworden. Jetzt sehe ich Alles ein und begreife Alles. Sie haben mich geweckt aus einem bösen Traum. Wie soll ich Ihnen danken dafür? Ich kann nicht anders, als indem ich Ihnen diese Lieder, das Teuerste und Heimlichste, was ich besitze, übersende –«

Und dann trägt Tragy Brief und Gedichte selber an die Adresse, weil die Post ihm plötzlich unsicher scheint. Es ist spät, und er muß im Dunkel vier Treppen aufwärtstasten bis zu dem Atelier in der Giselastraße, welches Thalmann bewohnt. Er trifft ihn in dem lächerlich kleinen Loch, das eigentlich nur wie ein Rahmen ist um das schräge ungeheure Nordfenster, schreibend. Eine alte verbogene Lampe brennt hier, hoch in der Nacht, und hat nicht die Kraft, die vielen Dinge, die ohne Sinn durcheinander liegen, zu unterscheiden.

Thalmann hält sie dem Eintretenden vors Gesicht: »Ach, Sie sinds?« Und er schiebt ihm den eigenen Sessel hin. »Rauchen Sie?«

»Nein, danke.«

»Kaffee kann ich Ihnen keinen mehr machen. Ich hab keinen Spiritus mehr. Aber wenn Sie wollen, können Sie mittrinken.« Und er stellt einen alten henkellosen Topf zwischen sie beide.

Er steht mit verschränkten Armen da, rauchend, ruhig beobachtend, vollkommen gleichgültig.

Tragy kann sich nicht entschließen.

»Sie wollen mir etwas sagen?« Thalmann trinkt einen Schluck Kaffee und wischt sich mit dem Handrücken den Mund.

»Ich habe Ihnen etwas gebracht –« traut sich Ewald.

Der andere rührt sich nicht: »So? Legen Sie's nur daher. Ich werds gelegentlich mal durchsehn. Was ist es denn?«

»Ein Brief –« zögert Tragy, »und –– aber vielleicht lesen Sie ihn gleich, bitte.«

Thalmann hat das Kuvert schon aufgerissen, so, nachlässig mit einem Griff. Er behält die Zigarette zwischen den Zähnen und liest flüchtig, blinzelnd durch den Rauch durch. Ewald ist aufgestanden vor Erregung und wartet. Aber nichts verändert sich in dem blassen Gesicht des Schwarzen, nur der Rauch scheint ihn heftig zu stören. Am Ende nickt er: »Naja, und so weiter.« Und zu Tragy: »Ich will Ihnen mal gelegentlich schreiben, was ich von den Dingen halte, reden mag ich nicht über sowas.« Und er trinkt den Kaffee aus auf einen Zug.

Tragy fällt auf den Sessel zurück und sitzt und will den Tränen nicht nachgeben. Er fühlt auf seiner Stirne den Sturm, der sich breit durch die Riesenscheiben hereinpreßt aus der Nacht.

Schweigen.

Dann fragt Thalmann: »Ist Ihnen kalt, Sie frösteln so?«

Ewald schüttelt den Kopf.

Und wieder Schweigen.

Dann und wann krachen die Scheiben leise, heimlich, wenn der Wind sich anlehnt, wie Schollen vor dem Eisgang. Und endlich sagt Tragy: »Warum behandeln Sie mich so?« Er sieht ungewöhnlich krank und traurig aus.

Thalmann raucht eifrig: »Behandeln? Nennen Sie das behandeln? Sie sind wirklich bescheiden. Ich zeige Ihnen doch deutlich genug, daß ich gar nicht vorhabe, Sie irgendwie zu behandeln. Wenn Sie wollen, daß ich mich zu Ihnen stelle, so oder so, müssen Sie sich erst mal die Worte abgewöhnen, die großen Worte; die will ich nicht.«

»Aber wer sind sie denn?« schreit Tragy und springt an den Schwarzen heran, nah, als ob er ihm ins Gesicht schlagen wollte. Er zittert vor Wut. »Wer gibt Ihnen denn das Recht mir Alles zu zertreten?«

Aber da rütteln schon die Tränen an seiner Stimme und überwältigen sie und machen ihn blind, schwach, lösen ihm die Fäuste.

Der andere drängt ihn sanft zu dem Stuhl zurück und

wartet. In einer Weile sieht er auf die Uhr und sagt: »Lassen Sie das jetzt. Sie müssen nachhause, und ich muß schreiben; es ist Mitternacht. Sie fragen wer ich bin: Ein Arbeiter bin ich, sehen Sie, einer mit wunden Händen, ein Eindringling, einer, der die Schönheit liebt und viel zu arm ist dazu. Einer, der fühlen muß, daß man ihn haßt, um zu wissen, daß man ihn nicht bemitleidet... Unsinn übrigens.«

Und Tragy hebt die Augen, die heiß und trocken sind und starrt in die Lampe. Sie wird gleich auslöschen, denkt er und steht auf und geht.

Thalmann leuchtet ihm die enge Treppe hinunter. Und es will Tragy scheinen, daß sie kein Ende nimmt.

Tragy ist krank. Er kann nicht ausziehen deshalb und behält bis zum ersten Januar seine Stube in der Finkenstraße. Er liegt auf dem unbequemen Sofa und denkt an diesen Garten mit den weiten blassen Wiesen und den Hügeln, zu denen still und schlicht die Birken hinansteigen. Wohin? In den Himmel. Und plötzlich kommt es ihm unerhört komisch vor, sich eine Birke, eine junge, dünne Birke anderswo zu denken, als im Himmel. Gewiß, es gibt nur im Himmel Birken, gewiß. Was sollten die denn unten? Man denke nur neben diesen breiten braunen Stämmen – ebensogut könnte es Sterne geben an der Zimmerdecke. Aber plötzlich fragt er: »Was pflücken Sie, Jeanne?« »Sterne.« Er überlegt einen Augenblick und sagt dann: »Das ist gut, Jeanne, das ist sehr gut.« Und er fühlt ein Wohlbehagen im ganzen Körper, bis ein heftiger Schmerz im Kreuz es zerstört. Ich hab mich zu sehr angestrengt, ich habe ja den ganzen Vormittag Blumen gepflückt. Wie kann man auch? Vormittag? Lächerlich: zwei Tage, vierzehn Tage, ooh überhaupt. Aber da kommt ja Jeanne durch die Allee, durch diese lange Allee von Pappeln. Endlich ist sie nahe. Mohn! sagt Ewald enttäuscht. Mohn! wer wird denn Mohn holen? Ein Sturm, und alles ist fort. Sie werden sehen. Und was dann? ja, was dann?...

Auf einmal setzt sich Tragy auf, hat ein dunkles Gefühl von einem Garten und will sich besinnen: Wann war das doch, gestern? Und er quält sich: vor einem Jahr? Und allmählich fällt ihm ein, daß es ein Traum war, bloß ein Traum, also überhaupt nicht. Das gibt ihm keine Ruhe. »Wann sind Träume?« fragt er sich ganz laut. Und er erzählt Herrn von Kranz, der ihn in der Dämmerung besucht, dieses: »Das Leben ist so weit und es stehen doch nur ganz wenig Dinge drin, alle Ewigkeit eines. Das macht bang und müd, diese Übergänge. Als Kind war ich einmal in Italien. Ich weiß nicht viel davon. Aber wenn man dort auf dem Lande einen Bauer fragt unterwegs: ›Wie weit ist es bis ins Dorf?‹ – ›un' mezz' ora‹ sagt er. Und der Nächste dasselbe und der Dritte auch, wie auf Verabredung. Und man geht den ganzen Tag und ist immer noch nicht im Dorf. So ist es im Leben. Aber im Traum ist Alles ganz nah. Da hat man gar keine Angst. Wir sind eigentlich für den Traum gemacht, wir haben gar nicht die Organe für das Leben, aber wir sind eben Fische, die durchaus fliegen wollen. Was ist da zu machen?«

Herr von Kranz sieht das ganz genau ein und stimmt zu: »Famos« lacht er, »wirklich ganz famos. Das müssen Sie in Versen sagen, es verlohnt sich. Das ist ganz Ihre Eigenart –«. Dann geht er bald; er fühlt sich nicht behaglich bei solchen Gesprächen und kommt immer seltener. Tragy ist ihm dankbar dafür. Er lebt jetzt wirklich im

Traum und wird nicht gerne gestört; denn dann muß er den traurigen grauen Tag draußen anschauen und die fremde, feuchte Stube, die nicht warm werden will, und ist doch so verwöhnt jetzt durch Farben und Feste. Nur die Nächte sind schlecht und schrecklich. Da kommen ganz alte Qualen, die aus den vielen Fiebernächten der Kindheit stammen, über ihn und machen ihn matt: Stein ist unter seinen Gliedern, und in seine tastenden Hände drängt sich grauer Granit, kalt, hart, rücksichtslos. Sein armer heißer Körper bohrt sich in diesen Felsen, und seine Füße sind Wurzeln und saugen den Frost auf, der langsam durch die erstarrenden Adern steigt... Oder: das mit dem Fenster. Ein kleines Fenster hoch hinter dem Ofen. Hoch hinter dem Ofen ein kleines Fenster. Oh, wie man es auch sagt, es kann keiner begreifen, wie furchtbar dieses Fenster ist. Hinter dem Ofen ein Fenster, ich bitte. Ist es nicht entsetzlich zu denken, daß dahinter noch etwas ist. Eine Kammer? Ein Saal? Ein Garten? Wer weiß das? – »Wenn *das* nur nicht wiederkommt, Herr Doktor.«

»Wir sind nervös –« lächelt der Arzt und ist im allgemeinen ganz zufrieden. »Wir dürfen uns nicht unnütz aufregen. Es ist ein kleines Fieber, mit dem werden wir schon fertig werden; und dann kräftig essen –«

Ewald lächelt hinter dem alten Herrn her. Er fühlt sich so krank, so von ganzem Herzen krank, und es paßt Alles so gut dazu. Diese trüben Traumtage, die sich so schwer an die Scheiben lehnen, und diese Stube, in der die Dämmerung wie alter Staub auf allen Dingen bleibt, und dieser feine welke Duft, der aus den Möbeln und aus den Dielen strömt, immer und immer.

Und manchmal läuten große Glocken irgendwo, die

er früher nie gehört hat, und dann faltet er die Hände über der Brust schließt die Augen und träumt, daß Kerzen brennen zu seinen Häupten, sieben hohe Kerzen mit ruhigen, roten Flammen, die wie Blüten stehen in dieser festlichen Traurigkeit.

Aber der alte Herr hat recht: Das Fieber vergeht, und Tragy trifft auf einmal das Träumen nicht mehr. Die ausgeruhte neue Kraft rührt sich ungeduldig in seinen Gliedern und treibt ihn aus dem Bett, fast gegen seinen Willen. Er spielt noch eine Weile Kranksein, aber gelegentlich findet er sich lächelnd, und aus keinem andern Grund, als weil ein Zufall den Wintertag einen Augenblick in die Sonne hält, so daß er glitzert und flimmert auf allen Seiten. Und das ist ein Symptom, dieses Lächeln.

Er soll noch nicht an die Luft, und so sitzt er denn in der Stube und wartet. Jetzt ist alles geeignet, ihm Freude zu machen; jeder Laut, der von draußen kommt, wird wie ein fahrender Sänger empfangen und muß erzählen. Und einen Brief erhofft Tragy, irgendeinen Brief. Und daß Herr von Kranz einmal anpocht. Aber Tage gehen hin. Es schneit draußen ein, und der Lärm verliert sich im tiefen Schnee. Kein Brief, kein Besuch. Und die Abende sind ohne Ende. Tragy kommt sich vor wie einer, den man vergessen hat, und er beginnt unwillkürlich sich zu rühren, zu rufen, sich bemerkbar zu machen. Er schreibt: nachhause, an Herrn von Kranz, an alle, die ihm zufällig bekannt sind, ja er sendet sogar ein paar aus der Heimat mitgebrachte Anempfehlungsbriefe aus, die er bislang nicht benutzt hat, und erwartet, man werde mit Einladungen erwidern. Umsonst. Er bleibt vergessen. Er mag rufen und Zeichen geben. Seine Stimme reicht nirgends hin.

Und gerade in diesen Tagen ist sein Bedürfnis nach Teilnahme so groß; es wächst in ihm fort und wird ein ungestümer trockener Durst, der ihn nicht demütigt, sondern ihn bitter und trotzig macht. Er überlegt plötzlich, ob er nicht das, was er umsonst erbittet von aller Welt, fordern kann von irgendwem, wie ein Recht, wie eine alte Schuld, die man einzieht mit allen Mitteln, rücksichtslos. Und er verlangt von seiner Mutter: »Komm, gib mir, was mir gehört.«

Das wird ein langer, langer Brief, und Ewald schreibt weit in die Nacht hinein, immer rascher und mit immer heißeren Wangen. Er hat damit begonnen, eine Pflicht zu fordern und, ehe er es weiß, bittet er um eine Gnade, um ein Geschenk, um Wärme und Zärtlichkeit. »Noch ist es Zeit –« schreibt er, »noch bin ich weich und kann wie Wachs sein in Deinen Händen. Nimm mich, gib mir eine Form, mach mich fertig...«

Es ist ein Schrei nach Mütterlichkeit, der weit über ein Weib hinausreicht, bis zu jener ersten Liebe hin, in welcher der Frühling froh und sorglos wird. Diese Worte gehen niemandem mehr entgegen, mit ausgebreiteten Armen stürmen sie in die Sonne hinein. – Und so ist es gar nicht erstaunlich, wenn Tragy zum Schluß erkennt, daß es niemanden gibt, dem er diesen Brief schicken kann, und daß niemand ihn verstünde, am wenigsten diese schlanke nervöse Dame. Sie ist ja stolz, daß man sie ›Fräulein‹ nennt in der Fremde, denkt Ewald und weiß: Man muß den Brief rasch verbrennen.

Er wartet.

Aber der Brief verbrennt ganz langsam in lauter kleinen zitternden Flammen.

(1898)

Im Leben

Der Herr Revisor ist über den Schreibtisch gebogen wie ein Gasarm mit einer matten Glaskugel am Ende.

Er ist fleißig, und es ist keine Kleinigkeit, fleißig sein, wenn man so ein Gegenüber hat.

Die Schreibtische haben Aufsätze zum Glück, und man kann dahinter untertauchen wie hinter einer Brustwehr.

Der Revisor hat seinen kahlen Kugelkopf ganz tief über seine Zahlen geschraubt, so daß die Worte des Offizials darüberhin in die königlich-ärarische Wandkarte »Das Eisenbahnnetz von Europa« einschlagen.

Man sieht: der junge Mensch, der zum letzten Mal in der Kanzlei ist, hat alle Achtung vor dem geheiligten Eigentum des Staates verloren. Er erlaubt sich Alles. Er sagt zum Beispiel jetzt:

»– wirklich, Herr Kniemann, lieber Straßenkehrer sein – oder – was weiß ich, als hier so langsam flach und staubig werden. Sehen Sie, bitte, diese Wände – rechts, links; wie in ein altes Buch gelegt ist man: das vergessene Lesezeichen des Herrn Vorgängers, der über dieser Stelle eingeschlafen ist.«

»17,850«, sagt der Revisor Kniemann und weicht der Riesenseite des Grundbuches aus, die beim Umblättern wie ein Segel an ihm vorüberfährt.

»Sie wollen sagen, man bleibt nicht immer Offizial –«,

erklärt der andere diese Geste, »man wird Revisor, Bureauvorstand, vielleicht sogar Inspektor, das heißt man wird aus einem Schmöker in einen Goldschnittband gelegt, etwa aus ›Der Mörder in der Kohlenkiste‹ in ›Das Buch der Lieder‹. Aber ich sage Ihnen: man bleibt Lesezeichen, höchstens, daß man nach obenhin in Beförderungszeiten die Aufschrift trägt: ›Vergiß mein nicht.‹ Danke. Ich bin mir zu... zu plastisch für diesen Zweck. Ich muß hinaus –«

»Ja«, ächzt der Revisor teilnahmslos und fängt die Reihe nochmals von unten zu addieren an. Er hat sich verrechnet.

»Dort gibt es Morgen, Mittag und Abend«, schwärmt der Jüngere. »Haben Sie das hier vielleicht? Von acht bis drei haben Sie hier, was ist das, bitte? Und was bleibt übrig vom ganzen Tag? So ein Rest von ein paar Metern, Ausverkauf und herabgesetzte Preise. Es reicht zu nichts, nicht einmal eine Weste könnte man sich machen lassen daraus. – Aber dort: Dort gibt es Licht und Luft, Farbe und Freiheit, ja...«

»Wo?« macht der Revisor mißtrauisch und zählt weiter.

»Im Leben«, prahlt der andere.

»Junger Mensch«, ärgert sich Herr Kniemann und zählt weiter.

Der Offizial aber kann nicht aufhören zu träumen. Heute ist er Dichter, Eintagsdichter freilich nur: sentimental und ein wenig altmodisch, ohne die Scham und die Einfachheit der echten Poeten; aber er begeistert sich an sich selbst. Wie eine Kerze, an der jemand einen Liebesbrief verbrennt, ist er und träumt:

»Diese Gärten im Frühling – es hat etwas Rührendes.

Ich meine die kleinen Hofgärten, in welche die Küchenfenster sehen, immer eines über dem anderen. Überall singt es, in den Bäumen und in den Fenstern, und singt auf den Märkten und alle Gassen entlang.

Haben Sie hier einmal etwas singen hören, Herr Revisor? Nein, sag ich, das haben Sie nicht. – Und die Plätze erst: da stehen steife, feierliche Standbilder und lauter Menschen herum, die sich erheben im Gedenken großer Männer. *Sie* haben nie vor diesen Unsterblichen gestanden, Sie haben keine Zeit, sich erheben zu lassen.«

Dabei blickt der Offizial auf. Über die gesenkte Stirn des Alten schleicht eine dicke Fliege. Der Schädel läßt sich das ruhig gefallen, und der gegenüber denkt: wie tot ist er doch, und wird ganz nervös darüber. Endlich erträgt er es nicht mehr:

»So jagen Sie doch um Gottes willen wenigstens die Fliege von Ihrer Stirn! Tun Sie mir den Gefallen!«

Herr Kniemann macht eine mechanische Bewegung mit der welken gelben Hand und rechnet: »12,473.«

Da erholt sich der andere wieder.

Er verschwendet ein strahlendes Lächeln:

»Und es gibt Gassen dort, Gassen ...« Pause. »Man muß nur zu gehen wissen. Jeden Augenblick streift ein Mädchen vorbei, blond und licht, und lächelt, als ob man ›Du‹ sagen sollte zu ihr. Und hinter den Fenstern – da lauern sie ja nur so, stampfen mit den kleinen Füßen vor Ungeduld und warten – auf das Glück. Und man streckt sich und denkt: ›Ich bin das Glück‹ und – da ist mans. Kunststück! Ich sage Ihnen, lieber Herr Kniemann, wollen muß man, das ist Alles. Befehlen Sie sich morgen früh, wenn Sie aufstehen ich bin der Kaiser von Europa. Sie werden sehen: Sie sinds.«

»Waaa?« krächzt der Revisor und wagt sich ein wenig über die Brustwehr. Der andere lacht gutmütig in das verängstigte, faltige Vogelgesicht hinein und brüstet sich einfach:

»Ja, so ist es dort.«

Der alte Beamte ertrinkt wieder in seinen Folianten, aber beunruhigt erkundigt er sich nach einer Weile doch: »Wo?«

»Wo,« meint der Offizial, »na, im Leben –«

Herr Kniemann denkt: *Du* wirst *mir* sagen; denn er hat Erfahrung. Er hat die Blattern gehabt und den Scharlach, und konfirmiert worden ist er auch: – also. Er lächelt überlegen, und das ist wie ein kleines Flämmchen am Gasarm, irgendwo mitten in seinem Kopf. Und nun da etwas durchschimmern will, merkt man erst, wie verstaubt diese matte Glaskugel ist.

Der junge Herr drüben läßt sich nicht irre machen. Heute gibt er sich heraus: Gesammelte Werke. – Er fährt also fort:

»Denken sie an einen Sommertag. Scheint der nicht unermeßlich? Und das ist noch gar nichts, denn der Sommer hat viele Tage. Und keiner ist ganz wie der andere, jeder ist ein Wunder für sich. Draußen sind überhaupt lauter Wunder, und alle sind für uns. Wenn wir nicht hinschauen, wer kann dafür? Wir sitzen hier und tun Gescheiteres. Wir schreiben Zahlen. ›Kohlentransport im Monat Dezember‹ schreiben wir, und draußen ist das Leben. ›Kastenwagen Nr. 7815‹ schreiben wir, und draußen ist das Glück.

Ich werde Landwirt, Bauer meinetwegen. Man muß nämlich etwas tun, wovon der liebe Gott weiß. Glauben Sie, der kann hereinsehen in diesen dumpfen Hinterhof? Damit er sich die Laune verdirbt für zehn Feiertage!

Und dann dürfen Sie nicht vergessen: Alles ist Bewegung draußen, Auf und Ab, Hin und Her – wie ein Tanz. Keinem schlafen die Füße ein, keinem wird die Brust knapp über dem Herzen. Man sollte von uns nicht sagen: sitzende Lebensweise; denn das ist ein Selbstmord und heißt höchstens: sitzende Todesart. Und ich habe noch lange keine Lust zu sterben. Ich habe die Absicht, vorher noch ein paar Zigaretten zu rauchen in guter Gesellschaft. Denn dort ist (nicht wie hier) Alles erlaubt, auch das Rauchen.«

Der Kopf des Revisors ist während dieser Rede langsam aufgetaucht und liegt jetzt mit vorgeschobenem Unterkiefer auf einer Mappe, »Akten Litera B«, wie ein geschmackloser Briefbeschwerer. Er nickt aufmerksam: »Im Leben?«

»Im Leben«, bestätigt der junge Mensch ernst und hat heiße Wangen.

»Es ist ja wahr: man tappt so eine Weile herum an der Tür, man findet nicht gleich ins Leben hinein. Und dann ist es ja auch die Gefahr, dieses Leben. Es ist eben Gipfel und Abgrund, Insel und Welle – Alles. Alles. Fühlen Sie, was das heißt? Das will sagen: Christabend, Bescherung – Oh man hat ja gar nicht genug Hände, um alle Gaben zu halten, nicht genug Augen, sie zu bewundern – überhaupt man ist arm vor Reichtum.«

»Im Leben.« Diesmal ohne Fragezeichen. Und die arme Stimme des Alten ahmt unbewußt dem Jubel des anderen nach. Der Revisor staunt selbst, wie das klingt, und versucht noch einmal vorsichtig, wie einer, der eine Sprache lernt: »Im Leben.«

Und der drüben sagt fast zugleich: »Im Leben.«

Durch den Zweiklang wird das Wort stark wie ein Eid oder wie ein Gebet.

Der junge Mensch fühlt das Feierliche, ist auf einmal wie mitten im Wald und ganz still. Er denkt an seine Mutter und schaut sie so, wie sie am Sonntag ist: in der lila Haube, ein wenig verweint von der Predigt, aber doch lächelnd...

Jetzt hat er, trotz seines blonden Schnurrbarts, ein Kindergesicht und sieht so treuherzig aus, daß der Revisor weiß: Nein, der lügt nicht.

Er wartet noch auf irgend etwas. Aber als der Offizial schweigt, setzt er sich behutsam, schließt das Buch und schaut lange auf das große schmutzigweiße Löschblatt, welches als Unterlage dient.

Drei große alte Kleckse halten seine Blicke fest.

Endlich reißt er sich los und wendet den Kopf aus irgend einem Grunde dem Fenster zu, vor dem nichts ist, als eine graue Wand und hoch oben ein Streifen Sonne.

Herr Kniemann überlegt: »So, so, das ist also gar nicht das Leben.«

Und da steigen an der grauen Lichthofmauer gegenüber drei orangegelbe Monde auf.

Das sind seltsame Gestirne, die als schwarze Kleckse auf der verstaubten Mappe untergehen und orangerot immer wieder dort heraufsteigen.

Der Revisor ängstigt sich plötzlich: »Drei rote Monde, was ist das für eine Welt?« – Eine traurige Welt, Herr Revisor.

Und er steht nach einer Weile auf und ruft den Kanzleidiener so laut, daß der Offizial erschrickt. Er nimmt seine ganze Stimme zusammen:

»Knizek!«
Das muß etwas sehr Dringliches sein.
»Knizek!«
……
»Sie müssen mir ein neues Löschblatt unterlegen!«

(1898/99)

Wladimir, der Wolkenmaler

Sie sind wieder mal ganz herunter, Überflüssige, Abtrünnige, Betrogene in jedem Sinne. Jeder fängt bei sich selber an und verachtet so weiter nach oben und nach unten.

Aus diesem Gefühle heraus sagt der Baron: »Man kann nicht mehr in dieses Caféhaus gehen. Keine Zeitungen, keine Bedienung, nichts.«

Die beiden anderen sind ganz seiner Meinung.

So sitzt man weiter um den kleinen Marmortisch herum, der nicht weiß, was diese drei Menschen von ihm wollen. Ruhe wollen sie, einfach Ruhe. Der Dichter drückt das ebenso deutlich wie onomatopoetisch aus. »Quatsch« sagt er nach einer halben Stunde.

Und wieder sind die anderen derselben Ansicht.

Man wartet weiter, weiß Gott auf was.

Dem Maler beginnt ein Bein zu pendeln. Er betrachtet es eine Weile tiefsinnig. Dann begreift er die Bewegung und beginnt, langsam und mit Gefühl:

»Stumpfsinn, Stumpfsinn,
du mein Vergnügen –«

Da ist es aber höchste Zeit aufzubrechen. Einer hinter dem anderen gehen sie und Kragen hoch. Das Wetter ist nämlich auch so. Heulen möchte man.

Was tun? Bleibt nur Eines: zwischen fünf und sechs zu

Wladimir Lubowski gehen, auf eine Dämmerung. Natürlich. Vorwärts also: Parkstraße 17. Ateliergebäude.

Zu Wladimir Lubowski kommt man nur durch seine Werke. Er raucht nämlich seine Bilder alle. Das ganze Atelier ist voll des phantastischen Qualmes. Du kannst von Glück reden, wenn du durch diese Urnebel auf dem kürzesten Wege zu dem alten abgenutzten Ruhebett gefunden hast, auf welchem Wladimir wohnt – tagaus, tagein.

Auch heute natürlich. Er steht nicht auf und wartet die drei »Betrogenen« ruhig ab. Die setzen sich rings um ihn, ein jeder nach Art und Anlage. Sie haben irgendwo grüne Chartreuse gefunden und Zigaretten. Selbstverständlich machen sie ohneweiters Gebrauch davon, mit der Miene von Menschen, die sich fortwährend aufopfern. Die Zigaretten sind sogar fein: Gott ja – was tut man nicht alles diesem elenden Leben zu Liebe.

Der Dichter lehnt sich zurück: »Oder ist es etwa nicht ein Machwerk, das Leben, etwas für Dilettanten – wie?«

Wladimir Lubowski antwortet nicht.

Die anderen warten gerne. Es ist so seltsam gut in diesem duftenden Dunkel. Man muß nichts tun als stillhalten, dann nimmt es einen hin und beginnt einen zu wiegen –

»Wie Sie das machen, Lubowski, es riecht gar nicht nach Terpentin bei Ihnen –« meint der Maler obenhin und der Baron ergänzt:

»Im Gegenteil. Haben Sie hier irgendwo Blumen?«

Stille. Wladimir bleibt weit hinter seinen Wolken.

Aber die drei sind geduldig. Sie haben Zeit und Chartreuse.

Sie kennen das: abwarten, es wird schon kommen.

Und dann kommt es:

Rauch, Rauch, Rauch und dann liebe, langsame Worte, welche durch die Welt gehen und die Dinge bewundern von weit. Die Wolken heben sie hoch. Lauter heimliche Himmelfahrten.

Zum Beispiel:

Rauch. »Das macht: Die Menschen schauen immer von Gott fort. Sie suchen ihn im Licht, das immer kälter und schärfer wird, oben.« Rauch. »Und Gott wartet anderswo – wartet – ganz am Grund von Allem. Tief. Wo die Wurzeln sind. Wo es warm ist und dunkel –« Rauch.

Und der Dichter beginnt auf und ab zu gehen, plötzlich.

Die Drei denken an den Gott, der irgendwo hinter den Dingen wohnt – wunderwo. –

Und später:

»Angst – haben –?« Rauch. »Wozu?« Rauch.

»Man ist ja immer über ihm. Wie eine Frucht, unter welche jemand eine schöne Schale hält. Golden – leuchtend im Laube. Und wenn die Frucht reif ist, läßt sie sich los –«

Da hat der Maler den Rauch zerrissen, so mit einer ungestümen Bewegung: »Herrrr Gott –« sagt er und findet auf dem Ruhebett einen kleinen blassen Menschen, der große merkwürdige Augen hat. Augen, mit ewiger Trauer hinter allem Glanz, – so frauenhaft froh. Und ganz kalte Hände.

Und der Maler bleibt unbeholfen davor. Er weiß nicht mehr recht, was er wollte.

Es ist gut, daß der Baron hinzutritt: »Das müssen Sie malen, Lubowski –« *Was* weiß der Baron nicht genau.

Immerhin wiederholt er: »Wirklich, Lubowski.« Und das klingt fast ein wenig gönnerhaft, ohne daß er es will.

Wladimir hat indessen einen weiten Weg gemacht: vom Schrecken durch ein dunkles Staunen durch. Endlich kommt er beim Lächeln an und träumt leise: »Oh ja, morgen.« Rauch.

Da haben die Drei keinen Raum mehr im Atelier. Einer stößt sich am anderen. Sie gehen alle: »Auf Wiedersehen, Lubowski.«

An der nächsten Ecke schon schütteln sie sich die Hände mit unnötiger Heftigkeit. Sie haben Eile einander loszuwerden.

Sie trennen sich weit.

Ein kleines behagliches Café. Kein Mensch drin und summende Lampen. Da hat der Dichter begonnen Verse zu schreiben auf den Umschlag eines empfangenen Briefes. Und immer schneller wird die Schrift und immer kleiner; denn er fühlt: es kommen viele, viele.

Dann fünf Treppen hoch, im Atelier des Malers ist ein Vorbereiten für morgen. Mit einem Lied hat er den Staub von der Staffelei gepfiffen, den alten Staub. Steht eine neue Leinwand drauf, wie eine Stirne licht. Umkränzen möcht man sie.

Nur der Baron ist noch unterwegs. »Halbelf, Olympiatheater, Seitentür!« hat er einem Kutscher anvertraut und ist ruhig weiter gegangen. Es ist ja noch eine Menge Zeit vorher zum Ausruhen und zum Toilettemachen. Keiner denkt an Wladimir Lubowski.

Wladimir hat seine Tür verschlossen und gewartet, bis es ganz dunkel geworden ist. Dann sitzt er, klein, am

Rand des Ruhebettes und weint in die weißen eisigen Hände hinein. Es kommt ihm leicht und leise, ohne Anstrengung und ohne Pathos. Es ist das Einzige, das er noch nicht verraten hat, das ihm allein gehört. Sein Einsames.

(1899)

Die Turnstunde

In der Militärschule zu Sankt Severin. Turnsaal. Der Jahrgang steht in den hellen Zwillichblusen, in zwei Reihen geordnet, unter den großen Gaskronen. Der Turnlehrer, ein junger Offizier mit hartem braunen Gesicht und höhnischen Augen, hat Freiübungen kommandiert und verteilt nun die Riegen. »Erste Riege Reck, zweite Riege Barren, dritte Riege Bock, vierte Riege Klettern! Abtreten!« Und rasch, auf den leichten, mit Kolophonium isolierten Schuhen, zerstreuen sich die Knaben. Einige bleiben mitten im Saale stehen, zögernd, gleichsam unwillig. Es ist die vierte Riege, die schlechten Turner, die keine Freude haben an der Bewegung bei den Geräten und schon müde sind von den zwanzig Kniebeugen und ein wenig verwirrt und atemlos.

Nur Einer, der sonst der Allerletzte blieb bei solchen Anlässen, Karl Gruber, steht schon an den Kletterstangen, die in einer etwas dämmerigen Ecke des Saales, hart vor den Nischen, in denen die abgelegten Uniformröcke hängen, angebracht sind. Er hat die nächste Stange erfaßt und zieht sie mit ungewöhnlicher Kraft nach vorn, so daß sie frei an dem zur Übung geeigneten Platze schwankt. Gruber läßt nicht einmal die Hände von ihr, er springt auf und bleibt, ziemlich hoch, die Beine ganz unwillkürlich im Kletterschluß verschränkt, den er sonst niemals begreifen konnte, an der Stange hängen. So erwartet er die Riege und betrachtet – wie es scheint – mit besonderem Vergnügen den erstaunten Ärger des kleinen polnischen Unteroffiziers, der ihm zuruft, abzuspringen. Aber Gruber ist diesmal sogar ungehorsam und Jastersky, der blonde Unteroffizier, schreit endlich: »Also, entweder Sie kommen herunter oder Sie klettern hinauf, Gruber! Sonst melde ich dem Herrn Oberlieutenant...« Und da beginnt Gruber, zu klettern, erst heftig mit Überstürzung, die Beine wenig aufziehend und die Blicke aufwärts gerichtet, mit einer gewissen Angst das unermeßliche Stück Stange abschätzend, das noch bevorsteht. Dann verlangsamt sich seine Bewegung: und als ob er jeden Griff genösse, wie etwas Neues, Angenehmes, zieht er sich höher, als man gewöhnlich zu klettern pflegt. Er beachtet nicht die Aufregung des ohnehin gereizten Unteroffiziers, klettert und klettert, die Blicke immerfort aufwärts gerichtet, als hätte er einen Ausweg in der Decke des Saales entdeckt und strebte danach, ihn zu erreichen. Die ganze Riege folgt ihm mit den Augen. Und auch aus den anderen Riegen richtet man schon da und dort die Aufmerksamkeit auf den Kletterer, der sonst kaum das erste Dritteil der Stange keuchend, mit rotem Gesicht und bösen Augen erklomm. »Bravo, Gruber!« ruft jemand aus der ersten Riege herüber. Da wenden viele ihre Blicke aufwärts, und es wird eine Weile still im Saal, – aber gerade in diesem Augenblick, da alle Blicke an der Gestalt Grubers hängen, macht er hoch oben unter der Decke eine Bewegung, als wollte er sie abschütteln; und da ihm Das offenbar nicht gelingt, bindet er alle diese Blicke oben an den nackten eisernen Haken und saust die glatte Stange herunter, so daß alle immer noch hinaufsehen, als er schon längst, schwindelnd und heiß, unten steht und mit seltsam glanzlosen Augen in seine glühenden Handflächen schaut. Da fragt ihn der eine oder der andere der ihm zunächst stehenden Kameraden, was denn heute in ihn gefahren sei. »Willst wohl in die erste Riege kommen?« Gruber lacht und scheint etwas antworten zu wollen, aber er überlegt es sich und senkt schnell die Augen. Und dann, als das Geräusch und Getöse wieder seinen Fortgang hat, zieht er sich leise in die Nische zurück, setzt sich nieder, schaut ängstlich um sich und holt Atem, zweimal rasch, und lacht wieder und will was sagen... aber schon achtet niemand mehr seiner. Nur Jerome, der auch in der vierten Riege ist, sieht, daß er wieder seine Hände betrachtet, ganz darüber gebückt wie einer, der bei wenig Licht einen Brief entziffern will. Und er tritt nach einer Weile zu ihm hin und fragt: »Hast du dir weh getan?« Gruber erschrickt. »Was?« macht er mit seiner gewöhnlichen, in Speichel watenden Stimme. »Zeig mal!« Jerome nimmt die eine Hand Grubers und neigt sie gegen das Licht. Sie ist am Ballen ein wenig abgeschürft. »Weißt du, ich habe etwas dafür,« sagt Jerome, der immer englisches Pflaster von zu Hause geschickt bekommt, »komm dann nachher zu mir.« Aber es ist, als hätte Gruber nicht gehört; er schaut geradeaus in den Saal hinein, aber so, als sähe er etwas Unbestimmtes, vielleicht nicht im Saal, draußen vielleicht, vor den Fenstern, obwohl es dunkel ist, spät und Herbst.

In diesem Augenblick schreit der Unteroffizier in seiner hochfahrenden Art: »Gruber!« Gruber bleibt unverändert, nur seine Füße, die vor ihm ausgestreckt sind, gleiten, steif und ungeschickt, ein wenig auf dem glatten Parkett vorwärts. »Gruber!« brüllt der Unteroffizier und die Stimme schlägt ihm über. Dann wartet er eine Weile und sagt rasch und heiser, ohne den Gerufenen anzusehen: »Sie melden sich nach der Stunde. Ich werde Ihnen schon...« Und die Stunde geht weiter. »Gruber«, sagt Jerome und neigt sich zu dem Kameraden, der sich immer tiefer in die Nische zurücklehnt, »es war schon wieder an dir, zu klettern, auf dem Strick, geh mal, versuchs, sonst macht dir der Jastersky irgend eine Geschichte, weißt du...« Gruber nickt. Aber statt aufzustehen, schließt er plötzlich die Augen und gleitet unter den Worten Jeromes durch, als ob eine Welle ihn trüge, fort, gleitet langsam und lautlos tiefer, tiefer, gleitet vom Sitz, und Jerome weiß erst, was geschieht, als er hört, wie der Kopf Grubers hart an das Holz des Sitzes prallt und dann vornüberfällt... »Gruber!« ruft er heiser. Erst merkt es niemand. Und Jerome steht ratlos mit hängenden Händen und ruft: »Gruber, Gruber!« Es fällt ihm nicht ein, den anderen aufzurichten. Da erhält er einen Stoß, jemand sagt ihm: »Schaf«, ein anderer schiebt ihn fort, und er sieht, wie sie den Reglosen aufheben. Sie tragen ihn vorbei, irgend wohin, wahrscheinlich in die Kammer nebenan. Der Oberlieutenant springt herzu. Er gibt mit harter, lauter Stimme sehr kurze Befehle. Sein Kommando schneidet das Summen der vielen schwatzenden Knaben scharf ab. Stille. Man sieht nur da und dort noch Bewegungen, ein Ausschwingen am Gerät, einen leisen Absprung, ein verspätetes Lachen von einem, der nicht weiß, um was es sich handelt. Dann hastige Fragen: »Was? Was? Wer? Der Gruber? Wo?« Und immer mehr Fragen. Dann sagt jemand laut: »Ohnmächtig.« Und der Zugführer Jastersky läuft mit rotem Kopf hinter dem Oberlieutenant her und schreit mit seiner boshaften

Stimme, zitternd vor Wut: »Ein Simulant, Herr Oberlieutenant, ein Simulant!« Der Oberlieutenant beachtet ihn gar nicht. Er sieht geradeaus, nagt an seinem Schnurrbart, wodurch das harte Kinn noch eckiger und energischer vortritt, und gibt von Zeit zu Zeit eine knappe Weisung. Vier Zöglinge, die Gruber tragen, und der Oberlieutenant verschwinden in der Kammer. Gleich darauf kommen die vier Zöglinge zurück. Ein Diener läuft durch den Saal. Die vier werden groß angeschaut und mit Fragen bedrängt: »Wie sieht er aus? Was ist mit ihm? Ist er schon zu sich gekommen?« Keiner von ihnen weiß eigentlich was. Und da ruft auch schon der Oberlieutenant herein, das Turnen möge weitergehen, und übergibt dem Feldwebel Goldstein das Kommando. Also wird wieder geturnt, beim Barren, beim Reck, und die kleinen dicken Leute der dritten Riege kriechen mit weitgekretschten Beinen über den hohen Bock. Aber doch sind alle Bewegungen anders als vorher; als hätte ein Horchen sich über sie gelegt. Die Schwingungen am Reck brechen so plötzlich ab und am Barren werden nur lauter kleine Übungen gemacht. Die Stimmen sind weniger verworren und ihre Summe summt feiner , als ob alle immer nur ein Wort sagten: »*Ess, Ess, Ess*...« Der kleine schlaue Krix horcht inzwischen an der Kammertür. Der Unteroffizier der zweiten Riege jagt ihn davon, indem er zu einem Schlage auf seinen Hintern ausholt. Krix springt zurück, katzenhaft, mit hinterlistig blitzenden Augen. Er weiß schon genug. Und nach einer Weile, als ihn niemand betrachtet, gibt er dem Pawlowitsch weiter: »Der Regimentsarzt ist gekommen.« Nun, man kennt ja den Pawlowitsch; mit seiner ganzen Frechheit geht er, als hätte ihm irgendwer einen Befehl gegeben, quer durch den Saal von Riege zu Riege und sagt ziemlich laut: »Der Regimentsarzt ist drin.« Und es scheint, auch die Unteroffiziere interessieren sich für diese Nachricht. Immer häufiger wenden sich die Blicke nach der Tür, immer langsamer werden die Übungen; und ein Kleiner mit schwarzen Augen ist oben auf dem Bock hocken geblieben und starrt mir offenem Mund nach der Kammer. Etwas Lähmendes scheint in der Luft zu liegen. Die Stärksten bei der ersten Riege machen zwar noch einige Anstrengungen, gehen dagegen an, kreisen mit den Beinen; und Pombert, der kräftige Tiroler, biegt seinen Arm und betrachtet seine Muskeln, die sich durch den Zwillich hindurch breit und straff ausprägen. Ja, der kleine, gelenkige Baum schlägt sogar noch einige Armwellen, – und plötzlich ist diese heftige Bewegung die einzige im ganzen Saal, ein großer flimmernder Kreis, der etwas Unheimliches hat inmitten der allgemeinen Ruhe. Und mit einem Ruck bringt sich der kleine Mensch zum Stehen, läßt sich einfach unwillig in die Knie fallen und macht ein Gesicht, als ob er alle verachte. Aber auch seine kleinen stumpfen Augen bleiben schließlich an der Kammertür hängen.

Jetzt hört man das Singen der Gasflammen und das Gehen der Wanduhr. Und dann schnarrt die Glocke, die das Stundenzeichen gibt. Fremd und eigentümlich ist heute ihr Ton; sie hört auch ganz unvermittelt auf, unterbricht sich mitten im Wort. Feldwebel Goldstein aber kennt seine Pflicht. Er ruft: »Antreten!« Kein Mensch hört ihn. Keiner kann sich erinnern, welchen Sinn dieses Wort besaß, – vorher. Wann vorher? »Antreten!« krächzt der Feldwebel böse und gleich schreien jetzt die anderen Unteroffiziere ihm nach:

»Antreten!« Und auch mancher von den Zöglingen sagt wie zu sich selbst, wie im Schlaf: »Antreten! Antreten!« Aber im Grunde wissen alle, daß sie noch etwas abwarten müssen. Und da geht auch schon die Kammertür auf; eine Weile nichts; dann tritt Oberlieutenant Wehl heraus und seine Augen sind groß und zornig und seine Schritte fest. Er marschiert wie beim Defilieren und sagt heiser: »Antreten!« Mit unbeschreiblicher Geschwindigkeit findet sich alles in Reihe und Glied. Keiner rührt sich. Als wenn ein Feldzeugmeister da wäre. Und jetzt das Kommando: »Achtung!« Pause und dann, trocken und hart: »Euer Kamerad Gruber ist soeben gestorben! Herzschlag. Abmarsch!« Pause.

Und erst nach einer Weile die Stimme des diensttuenden Zöglings, klein und leise: »Links um! Marschieren: Compagnie, Marsch!« Ohne Schritt und langsam wendet sich der Jahrgang zur Tür. Jerome als der letzte. Keiner sieht sich um. Die Luft aus dem Gang kommt, kalt und dumpfig, den Knaben entgegen. Einer meint, es rieche nach Karbol. Pombert macht laut einen gemeinen Witz in Bezug auf den Gestank. Niemand lacht. Jerome fühlt sich plötzlich am Arm gefaßt, so angesprungen. Krix hängt daran. Seine Augen glänzen und seine Zähne schimmern, als ob er beißen wollte. »Ich hab ihn gesehen«, flüstert er atemlos und preßt Jeromes Arm und ein Lachen ist innen in ihm und rüttelt ihn hin und her. Er kann kaum weiter: »Ganz nackt ist er und eingefallen und ganz lang. Und an den Fußsohlen ist er versiegelt…«

Und dann kichert er, spitz und kitzlich, kichert und beißt sich in den Ärmel Jeromes hinein.

Der Kardinal

Eine Biographie

Er ist der Sohn der schönen Fürstin von Ascoli. Sein Vater war irgend ein Abenteurer, er nannte sich damals Marquis Pemba. Aber die Fürstin liebt gerade *diesen* Sohn. Er erinnert sie an einen Garten, an Venedig und an einen Tag, da sie schöner war als sonst. Darum soll dieser Sohn das Leben haben und einen Namen: Marchese von Villavenetia. Der Marchese von Villavenetia. Der Marchese ist ein schlechter Schüler. Er liebt, den Falken auf der Hand zu fühlen. Sein Lehrer sagt ihm einmal (und der Lehrer weiß nicht viel von der Jagd): »Wie, wenn der Falke einmal nicht wiederkehrt?« »Dann, dann –« sagt der Zögling sehr erregt – »dann werd ich selbst Flügel spüren.« Und er wird ganz rot, als ob er sich verraten hätte. Später, um sein fünfzehntes Jahr, wird er eine Weile still und fleißig. Er liebt die schöne Herzogin Julia von Este. Ein Jahr lang liebt er sie so, – dann geht er und befriedigt sich bei einer blonden Magd – und hat die Liebe vergessen. Jetzt beginnen rasche, rauschende Tage. Sein Degen hat selten Nacht. Er kommt nach Venedig und muß an einen Garten denken. Ein Jahr lang sucht er diesen Garten, dann findet er Valenzia. Sie ist groß, golden und stolz. Er kann sie nicht zugleich mit den anderen denken. Er denkt sie überhaupt nicht, er küßt sie. Aber sie hat einen Geliebten. Man sagt sogar, daß sie einen Gatten hat, aber der Geliebte ist gefährlicher. Der Marchese kennt ihn längst. Es gibt seit einem Jahrhundert überall Bilder von ihm. Sie hängen in den dunkelsten Sälen, gewöhnlich über einer Tür, damit die Kinder sie nicht sehen sollen. Sie haben den bösen Blick. Und der Marchese fühlt sich verfolgt davon. Er sieht in jedem Weinglas gespiegelt: diese dunkle, geheimnisvolle, gedrängte Stirn und die geraden schwarzen Brauen an ihrem Saum. Er wird schreckhaft. Er zuckt bei tausend Gelegenheiten zusammen und lacht dann sehr laut. Eines Nachts, da der Vorhang des breiten Bettes sich gerührt hat, springt er aus dem Fenster des Palazzo der Signora in den Kanal. Er hört Schüsse, kommt aber bis zur Piazzetta, wo Fischer ihm helfen.

Zehn Jahre später fährt er nach Venedig, nur um sich jenes Fenster anzusehen. Es ist von feinstem Stil, ein Spitzbogen mit Zierat, nicht überladen. Das befriedigt ihn. Er ist noch jung, Sekretär des Kardinals Borromeo, und erkennt Venedig wieder. Bei einem Feste sieht er auch Valenzia. Sie ist ganz wie damals, sie kommt auf ihn zu: aber er ist ein anderer, er verneigt sich sehr tief und zieht sich mit dem Senator Gritti zu einem ernsten Gespräch zurück. Gerade vor Ostern wird er Kardinal. Am Auferstehungstag fühlt er die schwere violette Seide von seinen gesunden Schultern rauschen. Er freut sich an den schönen Knaben, die ihm die Schleppe tragen, er freut sich an dem Licht, an dem Glanz, und der Gesang steigt ihm zu Kopf wie Duft von Weinbergen. Über ein Jahr bei den Osterfesten fehlt der Kardinal. Er lebt auf einem seiner Güter und schmückt seine Gärten. Am großen Sonntag sitzt er über den Plänen eines neuen Schlosses. Vielleicht läßt San-Sovin sich noch erbitten, es zu bauen. Am Abend fällt einem Günstling ein, daß Ostern ist. Der Kardinal lacht. Man rüstet rasch ein Fest, und die Mädchen aus Carmagnola kommen, zweimal fünfzig Mädchen.

Der Kardinal hat große Gastlichkeit. Überall erzählt man von ihm. Das Volk hält ihn für einen Zauberer. Zwanzig Maler sind um ihn, zehn Bildhauer arbeiten in seinen Parken, und jeder Dichter vergleicht ihn mit irgendeinem Gott. Eines Tages empfängt er Valenzia. Die Signora ist strahlender als je. Er gibt ihr täglich Feste. Mitten im schönsten wird dem Kardinal durch einen reitenden Boten ein Brief gebracht. Er liest, wird blaß und reicht ihn Valenzia. Am Abend reist die Signora ab nach Rom. Sie hat Freunde dort unter den Kardinälen. – In der Nacht erwacht der Kardinal. Er liest noch einmal den Brief, und sein liebster Knabe hält ihm die Fackel dazu. Die letzten Worte sind: Der Papst ist tot.

Drei Tage später erhält der Kardinal einen Brief von der alten Herzogin von Ascoli, seiner Mutter, aus Rom. Es ist der erste Brief von ihr. Sie beglückwünscht ihn zu irgend etwas. Er versteht es nicht ganz. Aber am Abend beruft man ihn dringend nach Rom. Da begreift er und nimmt sich vor, seiner Mutter einen Giorgione zu schenken.

(1899)

Das Haus

Die große Kattunfabrik und Stoffdruckerei Wörmann und Schneider bei Danzig hatte in Erhard Stilfried einen ausgezeichneten Musterzeichner entdeckt. Er war noch ein junger Mensch, am Anfang der Dreißig etwa, und im Laufe der Zeit ergab sich, daß er der Firma unentbehrlich geworden war. Damit sein großes Talent sich aber ganz durchsetzen könne, war es notwendig, daß er seine Kenntnisse sowohl nach der künstlerischen, wie nach der technischen Seite vervollkommne. Er sollte ein Jahr auf der Kunstgewerbeschule in München verbringen und ein zweites Jahr dazu benutzen, die größeren Fabriken seines Fachs in Paris, Wien und Berlin genau kennen zu lernen. Kurz, nachdem er geheiratet hatte, machte ihm die Firma diesen Vorschlag. Es war natürlich nicht daran zu denken, die Frau mitzunehmen, und deshalb wurde Erhard der Entschluß schwer. Aber schließlich, es hing sein Fortkommen davon ab, und seine junge Frau selbst riet ihm dazu. So erwartete er noch sein erstes Kind, und nachdem die Geburt eines Buben glücklich vorüber war, reiste er ab. Jetzt ist er auf der Rückreise. Er sitzt dritter Klasse in einem bequemen Zuge und fährt – schon hinter Berlin. Eigentümlich ist ihm zu Mut. Eine zitternde Aufregung erfüllt ihn bis in die Fingerspitzen, plötzliche Fröhlichkeiten kommen über ihn und vergehen wieder. Die Mitfahrenden sehen ihn an; er nimmt irgend eine

Zeitung, schaut hinein und denkt. Wie das vergangen ist. Zwei Jahre – man möcht' es nicht glauben. Nun ja, das war eben die Arbeit. Die macht die Zeit so unkenntlich. Und gearbeitet hat er: seine Chefs werden staunen. Er hat nur kurz von seinen Erfolgen berichtet, die größten Überraschungen bringt er selbst. Das Modell zu der neuen Farbenpresse zum Beispiel. Wie seltsam! Eigentlich hat er den Erfinder entdeckt. Ein armer Teufel, der dasaß mit seiner Erfindung und nicht aus und ein wußte. Jetzt wird sie ausgeführt, patentiert, – man wird sich darum reißen. Und der sie erfunden hat, ein gewisser Sellier – ja, wo war das doch? In Paris, richtig! In Paris – das klingt jetzt schon wieder ganz fremd für Erhard. Seine Frau hat ihm neulich geschrieben: »Du hast jetzt die Welt gesehen...« Die Welt? – Eigentlich hatte er in allen Städten nur das *Seine* gesucht; wie einer, der in ein dunkles Zimmer geht, um einen bestimmten Gegenstand zu holen. Von der Welt wußte er nicht eben viel. Aber das war ja auch gleichgültig zunächst. Später konnte man ja einmal eine Reise machen, gemeinsam, eine Vergnügungsreise – bis das Kind größer sein wird. Ja, das Kind! Wie es wohl aussehen mag – was für ein Gesicht? Er hat es ja nur gesehen, als es eben zur Welt kam. Und so kleine Kinder haben doch eigentlich kein Gesicht. Ob es ihm ähnlich sieht – oder ihr? – Und dann denkt er an seine Frau. Eine unendliche Wärme durchströmt ihn, nichts Überschwengliches, einfach Wärme. Sie war etwas blaß damals, aber das war ja nach dem Kind. Und dann würde man jetzt ja auch besser leben. Man konnte zweimal in der Woche Braten haben – vielleicht auch das Klavier anschaffen – nicht gleich – aber mit der Zeit, etwa zu Weihnachten —.

Da steht der Zug. Leute laufen hin und her. Rufe: Aussteigen! Aussteigen! Die Türen schlagen auf, kalte Luft dringt ins Coupé. Die Gepäckträger erscheinen in ihren lichten Leinwandjacken. Er zögert noch. Da hört er jemanden sagen: »So, nu sitzen wir feste!« Er erschrickt. »Verzeihen Sie?« – bittet er. »Nun«, antwortet jemand ärgerlich, »der Anschluß ist davon, jetzt können wir sehen, wie wir weiterkommen.« Er steht schon draußen. Er sucht den Stationsvorstand; durch eine Menge Leute stößt er sich rücksichtslos durch – zu ihm. »Ich muß weiterfahren, gleich!« – ruft er außer sich. »Aber, meine Herren«, sagt der Vorstand gleichgültig zu ihm und den anderen, »ich kann es nicht ändern. Ihr Zug hat zwanzig Minuten Verspätung gehabt, der nach Danzig mußte abgehen. Ich kann mir nicht die Geleise verstellen.« »Aber es muß doch eine Möglichkeit geben –.« Der Vorstand wendet sich an Erhard: »Beruhigen Sie sich, es ist zwei, um sieben geht der Kurierzug. Also in fünf Stunden. Wohin fahren Sie?« Der Beamte hat sich schon zu jemand anderem gewendet. Erhard steht mit seiner Tasche auf dem Bahnsteig, der sich langsam leert. Plötzlich fällt ihm ein: Aber wo sind wir denn eigentlich? Er liest, groß, gerade über sich: Miltau. Miltau! Das ist ja zwei Stunden mit der Bahn von Danzig, also mit Wagen etwa fünf. Er ist entschlossen, einen Wagen zu nehmen. Er fragt einen Bahndiener. Der, verdrossen: »Ja, da müssen Sie schon in die Stadt gehen, hier giebts nichts.« »Ist die Stadt weit?« »Nein.« Erhard macht ein paar Schritte, aber dann kommt ihm das lächerlich vor. Was dieser Wagen kosten wird und dann – so anzukommen... und wozu das alles? Sind denn fünf Stunden wirklich ein solcher Gegenstand? Er lächelt. Ich darf mich nicht aufregen – sagt er sich: es ist ja eine Kleinigkeit; ich bin ja sozusagen schon da – im Vorzimmer –.

So tritt er in die Restauration. Er bestellt einen Kognak. Es friert ihn. Dann sitzt er da wie einer, der etwas tun wollte und vergessen hat was. Endlich fällt es ihm ein: Denken, natürlich, wie früher. Und er versucht: Seine Frau, sein Bub – fast zweieinhalb Jahre. Mit zweieinhalb Jahren, ob da die Kinder schon sprechen? Aber nein: es geht mit dem Denken nicht. Es ist anders als im Zug, wo sich alles bewegte. *Hier steht* alles in dieser langweiligen Restauration, steht und verstaubt. Und die Gedanken stehen auch. Aber er hat doch oft auf solchen Bahnhöfen warten müssen! Solchen? Oh, noch auf ganz anderen! Und was pflegte er da zu tun? Nun, er hielt es nie lange aus; meistens ging er sich die Stadt besehen. Das ist ein Einfall. Er trinkt noch einen Kognak und geht.

Erst eine Straße voll Kohlenkies, schwarz, schmutzig. Einen alten Lattenzaun entlang, immerfort geradeaus. Dann eine Brücke über irgend etwas Häßliches, einen Graben mit Abfällen. Er erkennt einen alten rostigen Eimer, der sich halb voll Schlamm getrunken hat, da unten. Und plötzlich eine Fabrik. Schlote, hohe Wände aus Blech. Wie eine Riesensardinenbüchse – etwas Unsinniges! Und endlich etwas wie eine Stadt; ein Haus rechts, eine große Pfütze, – ein Haus links...und dann eine Gasse. Ein Kramladen mit Pantoffeln, Zahnbürsten und Zwiebeln. Eine Weile steht er davor. Dann geht er weiter bis an den Platz. Er bemerkt ein neues Eckhaus. Zu ebener Erde eine große Spiegelscheibe mit Blumen dahinter. Darauf steht: »Café und Konditorei«. Vielleicht könnte ich einen Kaffee trinken, denkt Erhard und geht gerade auf den Eingang zu. Auch diese Tür hat Spiegelglas und die Aufschrift: *Entrée* – nach großstädtischem Geschmack. – Aber Erhard geht vorbei. Es steht ja nicht dafür – sagt er sich –, jetzt noch irgendwas zu essen; irgend einen elenden Kaffee! Ich bin ja doch gewissermaßen schon zu Hause. Es ist nur eine Zwischenstation, etwas vollkommen Belangloses. – Und immer gradaus. Da kommt ihm eine Stimme entgegen, breit, bauschig, wie jene rollenden, wachsenden Lichtsterne, die man manchmal in gewissen Varietétheatern sieht: erst ein Punkt, und dann quillt es herein in den Saal, häßlich, widerwärtiges, dickes Licht... Die Stimme also: »Nein – ich weiß es bestimmt. Und ich werde ihr schon auf die Spur kommen! Aber wenn ich ihn finde, – ich erschlag ihn...« Erhard sah auf. Ein großer schwerer Mann geht mit einem kleinen, spitzigen vorüber, der neugierig zuhört. Der Große hat ein rotes, fürchterliches Gesicht, und sein Mund hat noch die Form des Wortes: *erschlag*. – Was für ein Mann! – denkt Erhard. Wahrhaftig, man könnte sich fürchten! – Dann geht er über den Weg. Das Pflaster ist erbärmlich. Überhaupt dieser Platz, von einer so trostlosen Leere! Die Häuser scheinen ihm zu weit geworden zu sein und hängen so an ihm. Und da drüben...Nein, wie merkwürdig: Unter all diesen Häuserfronten, die dumm und stumpf sind wie Gesichter von schwerhörigen, skrofulösen Kindern, – ein anderes Haus. Mit einer im Empiregeschmack verzierten Fassade und zwei Vasen auf dem Dach, rechts und links zu Seiten des geschweiften Giebels.

Erhard tritt näher. Das Haus wird deshalb nicht größer; es bleibt etwas lächerlich Kleines, trotz seiner aufgemalten Halbsäulen und den verwaschenen sepiabraunen Girlanden. Es hat ein Fenster im Giebel, zwei im ersten Stock und ein kleines ovales neben der Eingangstür, zu welcher drei Stufen hinaufführen. Aber Fenster und Tür scheinen nicht durchzugehen, als ob dahinter gar kein wirkliches Haus wäre, sondern...Und auf einmal denkt Erhard: Wo hab ich schon einmal dieses Haus...? Nun ja, so ist es immer, unversehens denkt man: wo hab ich doch schon?... Erhard kommt noch näher. Plötzlich bemerkt er, daß er geläutet hat. Was für eine Dummheit! Und er will zurück; aber schon knirscht es im Schloß, und er schämt sich, so einfach davonzulaufen.

»Sie wünschen?« Es ist eine Frau, jung offenbar, mit unsicheren Augen.

»Ich«, zögert Erhard, »ach, verzeihen Sie, – icn –«

»Bitte, treten Sie ein, es ist kalt«, sagt die Frau, und sie scheint nicht übermäßig erstaunt.

Es ist nicht kalt draußen, es ist am Anfang des Frühjahrs, aber trotzdem findet Erhard ebenfalls, es sei kalt, und schiebt sich hinein. Der Flur ist lau und dunstig. Erhard streift beim Eintreten das Tuch, in welchem die Frau eingehüllt ist, und es fühlt sich eigentümlich weich an. Sie steht jetzt dicht neben ihm. »Hier hinauf –« sagt sie und geht eine schmale, knarrende Treppe voran. Eine Stube. Dämmerung von zerflossenem Rot; wahrscheinlich sind die Fenstervorhänge von rotem Tüll. Oder brennt irgendwo eine verhüllte Lampe?

»Setzen Sie sich«, sagt die Frau. Sie hat das weiche Tuch abgeworfen und glättet ein Fell, das über einem Sofa liegt Ihre Arme sind nackt, ihr Kleid ist lose, allen Bewegungen willig. Und die Stimme ist wie das Kleid. Erhard schaut ihr zu. Plötzlich besinnt er sich. »Verzeihen Sie –« sagt er in seiner verlegen höflichen Art – »ich dringe hier ein...« Sie lacht und setzt sich tief in das Fell, das sich bauscht. »Ich –« zögert Erhard, immer unsicherer, »ich sehe das Haus – es ist sehr eigentümlich, dieses Haus!«

Sie sitzt und lacht, Falten laufen ihren Beinen entlang und verschwinden wieder, – macht das das Licht? – »Das Haus –« versucht Erhard – »es ist wohl ein altes Haus?« Sie lacht, während sie sagt: »Ja, ein altes Haus. – Aber warum sitzen Sie nicht, hier –« und sie zieht einen niedrigen Stuhl, auch mit Fell, zu sich her. Erhard legt, wie in Gedanken, seinen Hut fort und setzt sich.

»Sie sind fremd?«

»Ja«, erwidert Erhard, »ich bin, –sozusagen, – mich hat nur das Haus...« Und wieder verwirrt er sich. Er fühlt, in diesem Zimmer schmeichelt Alles, die Kissen schmiegen sich ihm an den Rücken, und in den Handflächen fühlt er das Fell, wie Katzenzungen, die ihn leise lecken.

Plötzlich lehnt sich die Frau zurück, legt die Arme hinter den Kopf, breit, wie ein Kissen, und fragt in anderem Ton: »Wie lange ist es her, seit wir uns damals gesehen haben?«

Erhard versteht nicht. »Waa –?« macht er.

»Nun, es war doch in Berlin, bei Kroll –«

Erhard wird ganz ruhig: »Nein«, sagt er, »Sie irren wohl; ich bin Erhard Stilfried, Musterzeichner. –«

Und er hat die Absicht zu gehen. Sie scheint ihn gar nicht gehört zu haben; aber da wirft sie sich plötzlich nach vorn und lacht: »In München war es –.«

Erhard versucht wieder aufzustehen. Aber ihr Lachen macht ihn schwindlig.

»In München! Und du tust, als wüßtest du von nichts, auf der Oktoberwiese...«

»Nein«, – wehrt Erhard nochmals unsicher. – »Sie irren

wohl, – ich …« Und in demselben Augenblick fällt ihm ein Mädchen ein, vor – anderthalb Jahren – in München, ja – ja, in München, eine Nacht – die einzige Nacht in diesen zwei Jahren. – Er mußte damals etwas zu viel getrunken haben, und das Mädchen: – und mit einemmale weiß er alles. Freilich, das Mädchen war – so scheint es ihm – schmal, schmächtig, etwas blaß … und *diese*? Er macht den Versuch, sie zu betrachten. Sie hat nur auf diesen Blick gelauert. Sie fängt ihn auf, spielt mit ihm, läßt ihn fallen in ihren Schooß, hebt ihn in ihr Haar, das sich unversehens löst … Dabei spricht sie in einem fort, lauter kleine, kurze, gleichsam runde Worte, nennt ihn »du« und noch mit einem anderen, irgendwie klebrigen Namen, den er haßt. Und es wird ihm ganz klar: – nein, jenes Mädchen ist es nicht, gewiß nicht. Und das Mädchen, das er nur einmal, in jener Nacht in München, gesehen hat, steht im Geiste deutlich vor ihm: blaß, schmal. Und entschlossen steht er auf. Aber da fällt ihm ein: Woher weiß aber *diese* davon? Und gleich darauf beruhigt er sich: Sie weiß *nicht*, sie versucht eben. – Und er sagt: »Übrigens ich eile zum Zuge, ich reise nämlich …« Er sagt das fast grob; ihm fällt ein, was ihm bevorsteht, und Sehnsucht überkommt ihn und Glück. Was für ein Erlebnis, wie dumm! – denkt er (und holt seinen Hut), – aber es ist ja nur eine Episode, etwas vollkommen Belangloses.

»Sie sind – Musterzeichner?« fragt sie mit einer anderen, dritten Stimme und steht neben ihm. Er bejaht. »Oh warten Sie nur einen Augenblick«, bittet sie liebenswürdig. »Sie sind also Sachverständiger. Ich möchte Ihnen gern einen Stoff zeigen, – ob man ihn färben könnte, wegen des Dessins … wollen Sie mir raten?«

Erhard stellt seinen Hut wieder nieder.

»Gerne«, sagt er geschäftlich, »ich habe ja wohl noch einen Augenblick Zeit.«

Und sie verschwindet durch eine kleine Tapetentür, die hinter ihr leise wieder aufgeht. Erhard schaut auf die Uhr. Erst fünf, noch zwei Stunden. Wie lange noch und doch eigentlich – jetzt ist es ja schon egal; um zehn Uhr bin ich in Danzig, dann mit der Lokalbahn, – nun vor elf kann ich zu Hause sein – lächelt er.

Da ruft sie, von nebenan. Wieder wie früher, mit der weichen, lockenden Stimme und einem Lachen im Hintergrund. Unwillkürlich tritt Erhard ein. Sie kniet vor einem offenen riesigen Kleiderspind und zieht an etwas: »Ich kann die Lade nicht herausbringen«, sagt sie, trotzig wie ein Kind. Erhard kniet neben ihr. Er fühlt die spielende Kraft, die ihre Arme spannt. Aus den Kleidern, die oben im Spind hängen, qualmt Schwüle wie aus Jasminbüschen. Er bemüht sich um die Lade, aber seine Hände tasten nur und sind merkwürdig schwach. Um seine Stirne schmeichelt der Rand der Kleider, – oder eine Hand? Und plötzlich fällt was über ihn, wie ein Kleid und – Küsse, viele – und Zittern...

Plötzlich, wie der Pendel einer großen Uhr. Die weichen Arme stoßen ihn fort. Und der Pendel geht – auf – ab, auf – ab. Erhard lehnt mit dem Rücken an den Kleidern, die oben im Spind hängen; sie sind kalt und steif. Eine wahnsinnige Angst überkommt ihn. Ich muß ja weiter – denkt er und hört den Pendel lauter. Und er glaubt zu gehen, zu laufen, – aber in Wirklichkeit steht er vor dem Schranke und starrt nach der Tür. Dort ist der Mann mit dem roten Kopf, den er schon einmal irgendwo gesehen haben muß. Er strengt sich an: Wo *hab* ich ihn doch?... Oho, der Mann glaubt wohl zu sprechen? Er bewegt so den Mund. Aber er irrt sich. Es ist totenstill (Erhard kann es beschwören), totenstill. Und gleich darauf weiß er: jetzt muß man sterben, natürlich. Es ist ja auch weiter nicht von Bedeutung. Das ist ja nur eine Zwischenstation, – ein...

Ein Schrei, hell, schrecklich, stört ihn. Aha – denkt er – jetzt hat er sie erschlagen. Wen? das zu überlegen fehlt ihm Zeit. Denn der große Mann schwillt, – Tür, Wand, alles – das ganze Zimmer ist der Mann mit dem roten Kopf.

Wieder Angst, eine Sekunde, nur eine Sekunde, – dann ist der Mann wieder kleiner, verhältnismäßig, und das wirkt ungemein beruhigend. Allerdings, er hebt einen Gegenstand – ein Fall, tief, tief und – Sterne, Millionen Sterne –

Aber langsam, fernher wieder ein Gedanke, ja sogar ein Gespräch: Erhard Stilfried sagt in diesem Gespräche zu jemandem: »Es ist etwas völlig Belangloses, ein paar Stunden, – ich könnte ebensogut schlafen –«

Und wieder ein Fall, furchtbar.

Und kein Gedanke mehr.

(1899)

Der Drachentöter

Ursprüngliche Fassung

Diese Geschichte fängt wie ein Märchen an, aber sie führt mitten in das hinein, was wirklich ist. Und das hat sie schließlich mit allen echten Märchen gemein, von denen sie sich sonst an vielen Stellen unterscheidet. Sie beginnt: Es war ein schönes und fruchtbares Land mit Wäldern, Feldern, Flüssen, Straßen und Städten. Ein König war darüber gesetzt von Gott, ein Greis älter und stolzer als alle Könige von denen ich je Glaubwürdiges gehört habe. Und dieses Königs einziges Kind war ein Mädchen von großer Jugend, Sehnsucht und Schönheit. Der König war verwandt mit allen Thronen der Nachbarschaft, seine Tochter aber war noch ein Kind. Gewiß war ihre Sanftmut, Milde und die Macht ihres stillen Angesichtes die unschuldige Ursache des Drachens, welcher, jemehr sie emporwuchs und aufblühte, desto näher heranschlich und sich endlich in einem Walde vor der schönsten Stadt des Landes, wie der Schrecken selber, niederließ. Denn es bestehen geheime Beziehungen zwischen dem Schönen und Schrecklichen, wie zwischen den Gipfeln und den Abgründen, wie zwischen den stillen Seeen und den reißenden Bächen welche sie nähren, wie zwischen dem holden lachenden Leben und dem nahen tiefen täglichen Tod.

Es ist damit nicht gesagt, daß der Drache der jungen

Fürstin feindlich war, wie ja auch niemand auf Ehre und Gewissen sagen kann ob der Tod ein Widersacher des Lebens ist. Vielleicht hätte das große kochende Tier sich wie ein Hund neben dem schönen Mädchen niedergelegt und es wäre vielleicht nur durch die Abscheulichkeit der eigenen Zunge abgehalten worden, die lieblichsten Hände in tierischer Demut zu liebkosen. Aber man ließ natürlich die Jungfrau nicht zu dem Drachen, zumal dieser gegen die Unglücklichen die zufällig, aus Unkenntnis oder Leichtsinn in den Umkreis seiner Kraft traten, wenig rücksichtsvoll war und wie ein sichtbarer Tod alles Lebenswarme – Kinder und Herden nicht ausgeschlossen – ergriff und behielt.

Der König wird es zuerst mit großer Befriedigung vermerkt haben, daß diese Gefahr und Not viele Jünglinge seines Landes zu Männern machte, so daß sie sich rüsteten und Abschied nahmen von alten Eltern und schlanken Bräuten, denen sie noch nie von der Liebe gesprochen hatten; und diese jungen Leute aus allen Ständen, Adlige, Priesterschüler und Knechte, zogen aus wie in ein fremdes Land, hatten das Heldentum einer einzigen heißen atemlosen Stunde, in der sie wuchsen, lebten und starben wie Träume von Fieberkranken.

Nach einigen Wochen fiel es niemandem mehr ein, diese kühnen Söhne zu zählen und ihre Namen in den Büchern des Reiches aufzuzeichnen. Denn in argen, angstvollen Tagen gewöhnt sich das Volk auch an Helden; sie sind dann nichts Unerhörtes mehr. Das Gefühl und die Furcht von Tausenden schreit nach ihnen und sie sind da, wie eine Notwendigkeit, wie von jenen großen Gesetzen bedingt, welche auch in den Zeiten des Unheils nicht aufhören zu wirken.

Als aber die Zahl derer, welche sich nach wilder Gegenwehr opferten, immer noch wuchs, als fast in jeder Familie des Landes der beste Sohn (manchmal noch in knabenhafter Jugend) gefallen war, da begann der König mit Recht zu fürchten, daß alle Erstlinge seines Landes zugrunde gehn könnten und daß zuviele junge Mädchen die jungfräuliche Witwenschaft in täglicher Trauer um den Geliebten auf sich nehmen müßten für die langen Jahre eines kinderlosen Frauenlebens. Und er verbot seinen Untertanen den Kampf. Fremden Kaufleuten aber, die in namenlosem Entsetzen aus der bedrängten Stadt entflohen, während der Drache weithin hörbar schlief, gab er die Kunde mit, welche schon viele Könige in ähnlichen Fällen verbreiten ließen. Er versprach jedem Fremden, (mag er nun edelbürtig sein oder des Henkers Sohn) die Hand seiner Tochter, wenn es ihm gelingen sollte, das arme Land von diesem großen Tode zu befreien und seine öden, entstellten Straßen dem Verkehr und dem Handel wiederzugeben.

Und es zeigte sich, daß auch die Fremde voller Helden war. Sie kamen an auf ihren schweren müden Pferden, stiegen staubig bei irgend einer Hütte ab, die an der Heerstraße lag und baten um Unterkunft für die Länge einer Nacht. Denn sie wollten noch einmal schlafen und ein Bad nehmen in der Abendkühle und ein Gebet sprechen an die Sterne und an den nächsten Morgen, den sie in ängstlicher Ungeduld erwarteten. Aber es gab auch andere, die nicht ans Beten dachten, sondern auf verborgenen Wegen in die Stadt ritten und die engen Gassen aufsuchten, in denen hinter roten Vorhängen willige Mädchen wohnten, die noch lachen konnten in einer Zeit, da den meisten Menschen das Lachen schlecht und sündig schien. Das waren die Heimatlosen, die Abenteurer, die, welche einmal viel verloren hatten, unruhige Ritter, denen der nächste Morgen nichts Ungewohntes war, Helden aus Hoffnungslosigkeit und Schwermut. Aber weder die einen noch die anderen schienen an den Lohn zu denken, welcher dem Sieger versprochen war. Nur die junge Fürstin dachte daran. Wenn ihr Herz bis zu diesem Augenblick, von der Verwirrung und Trauer des ganzen Landes gequält, den Untergang des Untiers wünschte und erflehte, so verbündete sich, seit sie dem starken Unbekannten, der da kommen sollte, verheißen war, ihr unbewußtes Gefühl dem gewaltigen Drachen, – und es kam so weit, daß sie in der Aufrichtigkeit des Traumes Gebete in sich fand, welche heilige Frauen zum Schutze des Ungeheuers herbeiriefen.

Eines Morgens, als sie aus solchen Träumen voll Scham erwachte, kam bis zu ihr ein Gerücht, das schon seit mehreren Tagen die Stadt geschwätzig machte. Es war von einem sehr jungen Menschen die Rede, der auch zu dem Kampfe herbeigekommen war (man wußte nicht woher) und dem es allerdings nicht gelang, das Tier zu töten, der aber imstande war, den Ausgang seines Kampfes selbst zu erzählen. Sein Pferd ließ er dem Rachen des Feindes und kroch (er wußte selbst nicht zu sagen, wie das möglich war) blaß und blutend in den Wald hinein, kroch einen Tag und eine Nacht, und am nächsten Morgen fand man ihn kalt in seiner kalten eisernen Schale, scheinbar gestorben und erstarrt. Aber in dem Haus, in das man ihn gebracht hatte, kam er bald zu sich und nun lag er dort im Fieber und das Blut seiner Wunden brach sich wie eine Brandung an den heißen, brennenden Verbänden. Als das junge Mädchen diese Nachricht vernahm, wäre sie gerne, wie sie war, mit bloßen Füßen, in dem Hemde von weißer Seide durch die steinigen Straßen gelaufen, um an dem Lager des Todkranken zu sein und ihn zu umgeben mit ihrem hellen einfältigen Herzen wie mit Stille und Licht. Aber als die drei blonden Kammermädchen sie angekleidet hatten und sie ihr wunderschönes Kleid und ihr trauriges Gesicht in den vielen Spiegeln des Schlosses gehn und kommen sah, da verließ sie der Mut so Ungewohntes zu wagen, und sie schickte nur heimlich einen alten Diener, der sie nicht verraten durfte, nach jenem entlegenen Hause und gab ihm Streifen von kühler Leinewand, sanfte Salben, die wie Blumen am Abend dufteten, und einen Krug starken alten Weines mit, der, wie sie meinte, die lügnerische Hitze des Fiebers dämpfen und die gesunde Glut der Jugend wieder in den Adern des Ritters wecken sollte. Dreimal wiederholte der Diener diesen Weg und am dritten Tage brachte er die köstlichen Salben wieder zurück, denn der Fremde bedurfte ihrer nichtmehr. Er war tot. Der alte ergebene Diener erschrak und die Kniee zitterten ihm, als seine junge Fürstin von ihm verlangte, er müßte sie beim Anbruch der Nacht, sobald man im Schlosse zu Ruhe gegangen war, zu dem unbekannten Toten in jenes entlegene Haus führen. Allein ihre Stimme war so voller Willen und Entschluß, daß er nicht zu widersprechen wagte, aus Angst, sie könnte sonst allein, ohne seinen Schutz, den unerhörten nächtlichen Weg unternehmen.

Es war einer jener Frühlingsabende, an denen die Welt dreimal so groß scheint als sonst. Hat sich der Himmel gehoben? hat sich die Erde niedergelegt? – du weißt es nicht. Langsam fließen die Wege ins Tal und scheinen nicht anzuhalten bei den weißen Häusern und ziehen leise vorbei als wollten sie sich irgendwo einer stillen Straße vereinen, die geradeaus in Weiten führt, die jetzt offen sind, und in die Nacht, deren erste Sterne wie entfernte Städte an ihrem Ende sich erheben.

Die Jungfrau hielt mit ihrem atemlosen Herzen Schritt, kaum daß der Greis ihr zu folgen vermochte. Erstaunlich rasch hatten sie das Haus erreicht, darin alle zu schlafen schienen mit Ausnahme des Toten; denn bei ihm war noch Licht. Merkwürdigerweise brannten keine Kerzen in dem Zimmer. Die Flamme einer Pechfackel tanzte in ihrem schwarzen Becher wie die Seele eines Bösen und ihr unbestimmter huschender Schein, der bei nichts blieb, ließ den Raum bald unabsehbar lang, bald wieder so eng erscheinen, daß man fürchtete überall anzustoßen. Der Tote lag auf einem großen Tisch, ganz flach und sehr lang, nur mit einem Hemde von grobem Zeug bekleidet, das bis über seine Füße reichte und sich dort sackartig schloß. Man hatte versucht, seine Hände zum Falten zu bringen, aber sie waren wohl schon zu sehr erstarrt, und durch das lose Gewebe seiner Finger sprangen die Lichter den Schatten nach, so daß es aussah, als lebte etwas unter ihnen. Der Alte versuchte dem Fräulein mit seinen abwehrenden Gebärden den Toten zu verdecken. Sie aber hatte ihn schon gesehen. Sie ging, als ginge sie mitten durch den Greis hindurch, an ihm vorbei, nicht erstaunt und stark, als hätte die Gestalt und das Angesicht des Todes nichts Unerwartetes für sie. Sie neigte sich wie ein Engel über ihn, schloß die Augen und berührte den fremden erkalteten Mund mit der unendlichen Süßigkeit ihres ersten

Kusses. Dann brachen ihr die Kniee und sie lag und drückte das Gesicht in ihre eiskalten Hände und betete Worte von verschiedenen zerrissenen Gebeten und weinte. Als sie sich wieder erhob, wußte sie sich kaum zurechtzufinden und stand allein, atemlos vor Angst, in dem von der Flamme hin und hergerissenen Zimmer. Sie rief den Alten und wagte nicht, sich nach ihm umzusehen. Endlich bemerkte sie, daß er auf dem breiten Fensterbrett saß und schlief. Sie dachte daran ihn zu rütteln, aber ihr fehlte der Mut, diesen versunkenen Menschen, der sie plötzlich an den Toten erinnerte, zu berühren. Sie hatte den Glauben an den Schlaf verloren. In diesem Augenblick gewahrte sie, daß ihre Blicke immerfort auf eine Tür gerichtet waren, welche jener, durch welche sie gekommen war, gegenüber lag und tiefer in das Haus führen mußte. Diese Tür war geschlossen und unterschied sich kaum von der langen leeren Wand neben sich. Aber in Kopfhöhe hatte sie ein kleines rundes verglastes Fensterchen, das manchmal aufblitzte wenn der zuckende Schein der Pechflamme daran vorüberglitt. Und das junge Mädchen wußte, daß dort jemand stand, der sie durch dieses dunkle Loch in das sie nicht hineinsehen konnte, betrachtete, der nicht müde wurde sie zu betrachten. Sie wußte, daß dort irgendjemand wach sei, der nicht weinte, sondern trockene spähende Augen hatte, welche so nah waren, daß seine Nase sich gegen die Tür drücken mußte. Ihr schien als hätte sie noch nie im Leben etwas mit solcher Gewißheit gewußt. Und dieses Gefühl nahm ihr alles Entsetzen ab. Sie war fast nichtmehr bang, nur traurig. Und wie beladen mit Traurigkeit ging sie langsam hinaus ins Freie.

Sie merkte, daß das Haus allein stand, von großen schwarzen Bäumen umgeben, die so unbeweglich waren wie die hohen Himmel der Frühlingsnacht. Diese Ruhe tat ihr wohl und heilte ihre Augen, die ganz krank waren von den Stößen der flackernden Flamme. Sie ließ dem Weg den Willen und ging. Eine Nachtigall sang. Es war nur die erste Hälfte ihres Liedes, jene kurze schluchzende Frage, die sie immer wieder anhob. Sie wußte noch keine Antwort darauf. Und ihre Stimme, die in den Gärten des Schlosses so sanft und selig klang, war viel zu groß und so, als ob sie einem furchtbaren Vogel gehörte, dessen Nest in den Kronen von neun Eichen ruht. Die junge Fürstin war noch nie so allein. Es schien ihr, als ob sogar die Dinge hinter ihr zurückblieben, denn sie sah nirgends ein Haus, und das Hundegebell, das sie von Zeit zu Zeit hörte, war schon ganz fern. Sie lief nur noch, um nicht zu frieren. Ihr war, als saugten ihre Lippen alle Kühle aus der Nacht, und ihr Mund brannte vor Kälte. Wenn sie nachdachte, so erkannte sie die Vergangenheit nicht mehr, und Zukunft war keine. So trieb sie hin, wie ein helles Blatt, losgelöst vom Leben.

Plötzlich sah sie einen Reiter, der ihr entgegen kam. Sie drückte sich unwillkürlich ins dunkle feuchte Gebüsch. Er ritt langsam, und sein Pferd war ganz schwarz von Schweiß und bebte. Und auch er selbst schien zu zittern; die Ringe seines Panzers klangen leise aneinander. Sein Haupt war ohne Helm, seine Hände bloß und sein Schwert hing müde herab. Sein Haar wehte ein wenig und sein junges Gesicht war heiß und schön. Seine Augen waren ruhig dorthin gerichtet woher der Morgen kommen mußte, und sie glänzten, als schauten sie ihn schon.

So ritt er vorbei. Das Mädchen sah ihm lange nach. Mit einem Mal wußte sie: er hat den Drachen getötet. Und zugleich überkam es sie wie eine große Beruhigung. Sie war nicht mehr ein verlorenes Ding in dieser Nacht, sie gehörte diesem zitternden Helden, der in den Morgen ritt, und er, der sie jetzt noch nicht kennt, morgen wird er sie suchen in allen Häusern, und sich nach ihr sehnen wie nach einer verschollenen Schwester seines Schwertes.

Jetzt fand sie aufeinmal ganz leicht den Weg zum väterlichen Schloß und traf an einer verschwiegenen Tür den trostlosen Alten, der sie überall gesucht hatte. Von ihrem Zimmer sah sie schon den Morgen.

Die junge Fürstin, die noch einige Stunden tief geschlafen hatte, erwachte von der lauten Freude des Landes. Die Menschen jubelten und die Glocken überschlugen sich fast in den Türmen. Alle schienen nach dem Retter zu rufen; der aber zeigte sich nicht. Er ritt schon weit von der Stadt, und es war ein Himmel voller Lerchen über ihm. Hätte jemand ihn an den Preis seiner Tat erinnert, vielleicht wäre er lachend umgekehrt; er hatte ihn ganz vergessen.

Diejenige aber, die eigentlich sein Eigen war, wußte, daß er nicht kommen würde. Sie versuchte sich ihn vorzustellen, umwogt von der lauten Dankbarkeit der Menge: sie vermochte es nicht. Sie sah ihn einsam in den Morgen reiten. Sie sah ihn reiten und sich zurückbleiben. Aber sie blieb nicht als die zurück, die sie gewesen war. Sie war gewachsen. Sie dachte an den Toten, den sie geküßt hatte und an den Lebenden der ihr verloren war, und ihre Gedanken berührten zum ersten Mal das Leben.

Die drei Kammermädchen, welche meinten, daß sie an diesem Tage Braut würde, brachten ihr ein großes festliches Kleid, das viel erwachsener war, als alle die sie bisher getragen hatte. Und sie ließ sich den Schmuck von Smaragden und Perlen gefallen, der von ihren Großmüttern stammte und ihr das Ansehen einer großen Dame gab. Dann ging sie, etwas bleich, an den vielen Spiegeln vorbei im Geräusch ihrer weißen Schleppe, die weit hinter ihr herkam. Und später hörte man sie singen. Sie sang ein Lied, das sie noch nie gesungen hatte, und niemand im Schlosse kannte es.

Der König aber saß im hohen Thronsaal und die alten Paladine des Reiches standen um ihn und glänzten. Er wartete auf den fremden Helden. Er dachte garnicht daran, daß er umsonst warten könnte. Denn dieser König war sehr alt und stolz und stammte aus einer anderen Zeit.

(1901)

Der Totengräber

In San Rocco war der alte Totengräber gestorben. Es wurde täglich ausgerufen, daß die Stelle neu zu besetzen sei. Aber es vergingen drei Wochen, oder mehr, ohne daß jemand sich gemeldet hätte. Und da während dieser ganzen Zeit niemand starb in San Rocco, so schien die Sache auch nicht dringend zu sein, und man wartete ruhig ab. Wartete, bis an einem Abend im Mai der Fremde erschien, der das Amt übernehmen wollte. Gita, die Tochter des Podestà, war die erste, die ihn sah. Er trat aus dem Zimmer ihres Vaters (sie hatte ihn nicht kommen sehen) und kam gerade auf sie zu, als hätte er erwartet, ihr auf dem Gange, der dunkel war, zu begegnen.

»Bist du seine Tochter?« fragte er mit einer leisen Stimme, und legte ein fremdartiges Betonen auf jedes seiner Worte.

Gita nickte und ging neben dem Fremden her bis zu einem der tiefen Fenster, durch das von draußen der Glanz und die Stille der Gasse fiel, die im Abend lag. Dort besahen sie einander aufmerksam. Gita war so vertieft in den Anblick des fremden Mannes, daß ihr erst nachträglich einfiel, daß auch er, während aller dieser Minuten, als sie stand und ihn betrachtete, sie angesehen haben müsse. Er war hoch und schlank, und hatte ein schwarzes Reisekleid von fremdartigem Zuschnitt.

Sein Haar war blond und er trug es, wie Edelleute es tragen. Er hatte überhaupt etwas von einem Edelmann an sich, er konnte Magister sein oder Arzt; wie merkwürdig, daß er Totengräber war. Und sie suchte unwillkürlich seine Hände. Er hielt sie ihr hin, beide, wie ein Kind.

»Es ist keine schwere Arbeit«, sagte er; und obwohl sie auf seine Hände sah, fühlte sie das Lächeln seiner Lippen, in dem sie stand wie in einem Sonnenstrahl.

Dann gingen sie zusammen bis vor das Tor des Hauses. Die Straße dämmerte schon.

»Ist es weit?« sagte der Fremde und sah die Häuser hinunter bis ans Ende der Gasse; sie war ganz leer.

»Nein, nicht sehr weit; aber ich will dich führen, denn du kannst den Weg nicht wissen, Fremder.«

»Weißt du ihn?« fragte der Mann ernst.

»Ich weiß ihn gut, ich habe ihn als kleines Kind schon gehen gelernt, weil er zur Mutter führt, die uns früh fortgenommen worden ist. Sie ruht dort draußen, ich will dir zeigen wo.«

Dann gingen sie wieder schweigend und ihre Schritte klangen wie *ein* Schritt in der Stille. Plötzlich sagte der Mann in Schwarz: »Wie alt bist du, Gita?«

»Sechzehn«, sagte das Kind und streckte sich ein wenig, »sechzehn, und mit jedem Tage ein wenig mehr.«

Der Fremde lächelte.

»Aber«, sagte sie und lächelte auch, »wie alt bist du?«

»Älter, älter als du, Gita, doppelt so alt, und mit jedem Tage viel, viel älter.«

Damit standen sie vor dem Tor des Kirchhofes.

»Dort ist das Haus, in dem du wohnen mußt, neben der Leichenkammer«, sagte das Mädchen und wies mit der Hand durch die Gitterstäbe des Tores an das andere Ende des Kirchhofes hin, wo ein kleines Haus stand, ganz mit Efeu bewachsen.

»So, so, hier ist es also«, nickte der Fremde und übersah langsam sein neues Land von einem Ende zum anderen. »Das war wohl ein alter Mann, der hier Totengräber war?« fragte er.

»Ja, ein sehr alter Mann. Er hat mit seiner Frau hier gewohnt, und die Frau war auch sehr alt. Sie ist gleich nach seinem Tode fortgezogen, ich weiß nicht wohin.«

Der Fremde sagte nur: »so« und schien an etwas ganz anderes zu denken. Und plötzlich wandte er sich an Gita: »Du mußt jetzt gehen, Kind, es ist spät geworden. Fürchtest du dich nicht allein?«

»Nein, ich bin immer allein. Aber du, fürchtest du dich nicht, hier draußen?«

Der Fremde schüttelte den Kopf und faßte die Hand des Mädchens und hielt sie mit leisem, sicherem Druck: »Ich bin auch immer allein – « sagte er leise, und da flüsterte das Kind auf einmal atemlos: »Horch.« Und sie hörten beide eine Nachtigall, die in der Dornenhecke des Kirchhofes zu singen begann, und sie waren ganz umgeben von dem schwellenden Schall und wie überschüttet von dieses Liedes Sehnsucht und Seligkeit.

Am nächsten Morgen begann der neue Totengräber von San Rocco sein Amt. Er faßte es seltsam genug auf. Er schuf den ganzen Kirchhof um und machte einen großen Garten daraus. Die alten Gräber verloren ihre nachdenkliche Traurigkeit und verschwanden unter dem Blühen der Blumen und dem Winken der Ranken. Und drüben, jenseits des mittleren Weges, wo bisher leerer, ungepflegter Rasen gewesen war, bildete der

Mann viele kleine Blumenbeete, den Gräbern auf der anderen Seite ähnlich, so, daß die beiden Hälften des Kirchhofes einander das Gleichgewicht hielten. Die Leute, welche aus der Stadt herauskamen, konnten ihre lieben Gräber gar nicht gleich wiederfinden, ja es geschah, daß irgend ein altes Mütterchen bei einem der leeren Beete an der rechten Wegseite kniete und weinte, ohne daß dieses greise Gebet deshalb ihrem Sohne verloren ging, der fern drüben unter hellen Anemonen lag. Aber die Leute von San Rocco, welche diesen Kirchhof sahen, litten nicht mehr so sehr unter dem schweren Tod. Wenn einmal jemand starb (und es traf meist alte Leute in diesem denkwürdigen Frühjahr), so mochte der Weg hinaus zwar immer noch recht lang und trostlos sein, draußen aber wurde es immer etwas wie ein kleines, stilles Fest. Blumen schienen von allen Seiten herbeizudrängen und sich so schnell über die dunkle Grube zu stellen, daß man meinen konnte, der schwarze Mund der Erde habe sich nur aufgetan, um Blumen zu sagen, tausend Blumen.

Gita sah alle diese Veränderungen; sie war fast immer draußen bei dem Fremden. Sie stand neben seiner Arbeit und stellte Fragen und er antwortete; der Rhythmus des Grabens war in ihren Gesprächen, die der Lärm des Spatens häufig unterbrach. »Weit, aus Norden«, sagte der Fremde auf eine Frage. »Von einer Insel«, sagte der Fremde auf eine Frage. »Von einer Insel«, und er bückte sich und raffte Unkraut zusammen, »vom Meer. Von einem anderen Meer. Einem Meer, das mit dem eueren (ich höre es manchmal atmen tief in der Nacht, obwohl es mehr als zwei Tagreisen entfernt ist) wenig gemein hat. Unser Meer ist grau und grausam, und es hat die Menschen, die daran wohnen, traurig und still gemacht. Im Frühling trägt es unendliche Stürme herüber, Stürme, in denen nichts wachsen kann, so daß der Mai ungenutzt vorübergeht, und im Winter friert es zu und macht alle zu Gefangenen, die auf den Inseln wohnen.«

»Wohnen viele auf den Inseln?«

»Nicht viele.«

»Auch Frauen?«

»Auch.«

»Und Kinder?«

»Ja, Kinder auch.«

»Und Tote?«

»Und sehr viel Tote; denn viele, viele bringt das Meer und legt sie in der Nacht an den Strand, und wer sie findet, erschrickt nicht, sondern nickt nur, nickt wie einer, der es längst weiß. Es gibt bei uns einen alten Mann, der hat von einer kleinen Insel zu erzählen gewußt, zu der das graue Meer so viel Tote brachte, daß den Lebenden kein Raum mehr blieb. Sie waren wie belagert von Leichen. Das ist vielleicht nur eine Geschichte und vielleicht irrt sich der alte Mann, der sie erzählt. Ich glaube sie nicht. Ich glaube, daß das Leben stärker ist als der Tod.«

Gita schwieg eine Weile. Dann sagte sie: »Und doch ist Mutter gestorben.«

Der fremde Mann hörte auf zu arbeiten und stützte sich auf den Spaten: »Ja, ich weiß auch eine Frau, die gestorben ist. Aber die wollte es.«

»Ja«, sagte Gita ernst, »ich kann mir denken, daß man es will.«

»Die meisten Menschen wollen es, und darum sterben auch die wenigen, welche leben wollen; sie werden mitgerissen, man fragt sie nicht. Ich bin weit in der Welt herumgekommen, Gita, ich habe mit vielen Menschen gesprochen und habe sie gefragt nach ihrem Herzen. Aber es war keiner unter ihnen, der nicht sterben wollte. Gesagt freilich, gesagt hat mancher das Gegenteil, und seine Furcht hat ihn darin bestärkt; aber was sagen die Menschen nicht alles. Dahinter war ihr Wille, der Wille, der nicht spricht, und der fiel, fiel auf den Tod zu, wie die Frucht vom Baum. Da gibt es kein Aufhalten.«

So kam der Sommer. Und jeder neue Tag, der mit dem Erwachen der kleinen Vögel begann, fand Gita draußen bei dem fremden Mann aus Norden. Zu Hause warnte man sie, man tadelte sie, man versuchte Gewalt und Strafe an ihr, sie zurückzuhalten: es war alles umsonst. Gita fiel dem Fremden zu wie ein Erbteil. Einmal ließ ihn der Podestà rufen und das war ein gewaltiger Mann mit einer breiten drohenden Stimme. »Ihr habt ein Einsamkind, Messer Vignola«, sagte der Fremde auf alle Vorwürfe zu ihm, ruhig und indem er sich ein wenig verneigte. »Ich kann ihr nicht verwehren bei mir und in ihrer Mutter Nähe zu sein. Ich habe ihr nichts geschenkt, noch versprochen und mit keinem Wort hab ich sie jemals gerufen.« Das sagte er ehrerbietig und sicher und ging, da er es gesagt hatte; denn es war nichts hinzuzufügen.

Jetzt blühte der Garten draußen und dehnte sich aus in seinen vier Hecken und lohnte der Arbeit, die um ihn getan worden war. Und manchmal konnte man früher Feierabend machen und auf der kleinen Bank vor dem Hause sitzen und sehen, wie es auf eine leise und erhabene Art Abend wurde. Dann fragte Gita und der Fremde antwortete und zwischendurch hatten sie lange Schweigsamkeiten, in denen die Dinge zu ihnen redeten. »Heute will ich dir von einem Manne erzählen, wie ihm seine liebe Frau starb«, begann der Fremde einmal nach einem solchen Schweigen, und seine Hände zitterten, eine in der anderen. »Es war Herbst und er wußte, daß sie sterben würde. Die Ärzte sagten es; doch die hätten immerhin irren können; aber sie selbst, die Frau, sagte es lange vor ihnen. Und sie irrte nicht.«

»*Wollte* sie sterben?« fragte Gita, weil der Fremde eine Pause machte.

»Sie wollte, Gita. Sie wollte etwas anderes als leben. Es waren ihr immer zu viele um sie her, sie wollte allein sein. Ja, das wollte sie. Als Mädchen, da war sie nicht allein wie du; und als sie heiratete, da wußte sie, daß sie allein war; sie aber wollte allein sein und es nicht wissen.«

»War ihr Mann nicht gut?«

»Er war gut, Gita; denn er liebte sie und sie liebte ihn, und doch, Gita, berührten sie einander nicht. Die Menschen sind so furchtbar weit voneinander; und die, welche einander lieb haben, sind oft am weitesten. Sie werfen sich all das Ihrige zu und fangen es nicht, und es bleibt zwischen ihnen liegen irgendwo und türmt sich auf und hindert sie endlich noch, einander zu sehen und aufeinander zuzugehen. Aber ich wollte dir von der Frau erzählen, welche starb. Sie starb also. Es war am Morgen und der Mann, der nicht geschlafen hatte, saß bei ihr und sah wie sie starb. Sie richtete sich plötzlich auf und hob ihren Kopf und ihr Leben schien ganz in ihr Gesicht eingetreten und hatte sich dort versammelt und stand wie hundert Blumen in ihren Zügen. Und der Tod kam und riß es ab mit einem Griff, riß es heraus wie aus weichem

Lehm und ließ ihr Angesicht weit ausgezogen, lang und spitz zurück. Ihre Augen standen offen und gingen immer wieder auf, wenn man sie schloß, wie Muscheln, in denen das Tier gestorben ist. Und der Mann, der es nicht ertragen konnte, daß Augen, die nicht sahen, offen standen, holte aus dem Garten zwei späte harte Rosenknospen und legte sie auf die Lider, als Last. Nun blieben die Augen zu und er saß und sah lange in das tote Gesicht. Und je länger er es ansah, desto deutlicher empfand er, daß noch leise Wellen von Leben an den Rand ihrer Züge heranspülten und sich langsam wieder zurückzogen. Er erinnerte sich dunkel, in einer sehr schönen Stunde dieses Leben auf ihrem Gesichte gesehen zu haben, und er wußte, daß es ihr heiligstes Leben sei, das, dessen Vertrauter er nicht geworden war. Der Tod hatte dieses Leben nicht aus ihr geholt; er hatte sich täuschen lassen von dem Vielen, das in ihre Züge getreten war; *das* hatte er fortgerissen, zugleich mit dem sanften Umriß ihrer Profile. Aber das andere Leben war noch in ihr; vor einer Weile war es bis an die stillen Lippen herangeflutet und jetzt trat es wieder zurück, floß lautlos nach innen und sammelte sich irgendwo über ihrem zersprungenen Herzen.

Und der Mann, der diese Frau geliebt hatte, hilflos geliebt, wie sie ihn, der Mann empfand eine unsagbare Sehnsucht, dieses Leben, welches dem Tod entgangen war, zu besitzen. War er nicht der Einzige, der es empfangen durfte, der Erbe ihrer Blumen und Bücher und der sanften Gewänder, welche nicht aufhörten nach ihrem Leibe zu duften. Aber er wußte nicht, wie er diese Wärme, die so unerbittlich aus ihren Wangen zurückfloß, festhalten, wie er sie fassen, womit er sie schöpfen sollte? Er suchte die Hand der Toten, die leer und offen, wie die Schale einer entkernten Frucht, auf der Decke lag; die Kälte dieser Hand war gleichmäßig und stumm und sie gab bereits völlig das Gefühl eines Dinges, welches eine Nacht im Tau gelegen hat, um dann in einem morgendlichen Wind rasch kalt und trocken zu werden. Da plötzlich bewegte sich etwas im Gesichte der Toten. Gespannt sah der Mann hin. Alles war still, aber auf einmal zuckte die Rosenknospe, die über dem linken Auge lag. Und der Mann sah, daß auch die Rose auf dem rechten Auge größer geworden war und immer noch größer wurde. Das Gesicht gewöhnte sich an den Tod, aber die Rosen gingen auf wie Augen, welche in ein anderes Leben schauten. Und als es Abend geworden war, Abend dieses lautlosen Tages, da trug der Mann zwei große, rote Rosen in der zitternden Hand ans Fenster. In ihnen, die vor Schwere schwankten, trug er ihr Leben, den Überfluß ihres Lebens, den auch er nie empfangen hatte.«

Der Fremde stützte den Kopf in die Hand und saß und schwieg. Als er sich rührte, fragte Gita: »Und dann?«

»Dann ging er fort, ging, was hätte er sonst tun sollen? Aber er glaubte nicht an den Tod, glaubte nur, daß die Menschen nicht zu einander können, die Lebenden nicht und nicht die Toten. Und das ist ihr Elend, nicht, daß sie sterben.«

»Ja, das weiß ich auch schon, du, daß man nicht helfen kann«, sagte Gita traurig. »Ich habe ein kleines weißes Kaninchen gehabt, das ganz zahm war und nie sein konnte ohne mich. Und dann wurde es krank, der Hals schwoll ihm an, und es hatte Schmerzen wie ein Mensch. Und es sah mich an und bat, bat mit seinen kleinen Augen, hoffte, glaubte, daß ich helfen würde. Und endlich ließ es ab, mich anzusehen, und starb in meinem Schooß, wie allein, wie hundert Meilen von mir.«

»Man soll kein Tier an sich gewöhnen, Gita, das ist wahr. Man lädt eine Schuld auf sich damit, man verspricht und man kann nicht halten. Ein fortwährendes Versagen ist unser Teil bei diesem Verkehr. Und es ist bei den Menschen nicht anders, nur daß da immer beide schuldig werden, einer am anderen. Und *das* heißt, sich lieb haben: aneinander schuldig werden, nicht mehr, Gita, nicht *mehr*.«

»Ich weiß«, sagte Gita, »aber das ist viel.«

Und dann gingen sie zusammen, Hand in Hand auf dem Kirchhof umher und dachten nicht, daß es anders sein könnte, als es war.

Und doch wurde es anders. Es kam der August und ein Tag im August, da die Gassen der Stadt wie im Fieber waren, schwer, bang, ohne Wind. Der fremde Mann erwartete Gita an der Kirchhofstür, bleich und ernst.

»Ich habe einen bösen Traum gehabt, Gita«, rief er ihr zu. »Geh nach Hause und komm nicht wieder her, eh ich dich wissen lasse, daß du kommen sollst. Ich werde vielleicht viel Arbeit haben jetzt. Leb wohl.«

Sie aber warf sich ihm an die Brust und weinte. Und er ließ sie weinen, so lange sie wollte, und sah ihr lange nach, als sie ging. Er hatte sich nicht geirrt; es begann ernsthafte Arbeit. Täglich kamen jetzt zwei oder drei Leichenzüge heraus. Viele Bürger folgten ihnen; es waren reiche und festliche Begräbnisse, bei denen Weihrauch und Gesang nicht fehlte. Der Fremde aber wußte, was noch niemand ausgesprochen hatte: Die Pest war in der Stadt. Die Tage wurden immer heißer und stechender unter den tödlichen Himmeln, und die Nächte kamen und kühlten nicht. Und Entsetzen und Angst legte sich auf die Hände derer, die ein Handwerk trieben, und auf die Herzen derjenigen, welche liebten – und lähmte sie. Und es war eine Stille in den Häusern, wie am größten Feiertag, oder wie mitten in der Nacht. Aber die Kirchen waren erfüllt von verstörten Gesichtern. Und plötzlich begannen die Glocken zu läuten, alle, fuhren auf, brachen in Klänge aus: als hätten wilde Tiere die Glockenstricke angesprungen und sich verbissen in ihnen: so läuteten sie, atemlos.

In diesen schrecklichen Tagen war der Totengräber der Einzige, der arbeitete. Seine Arme erstarkten bei den größeren Anforderungen seines Amtes, und es war sogar eine gewisse Frohheit in ihm, die Frohheit seines Blutes, welches sich rascher bewegte.

Aber eines Morgens, als er nach kurzem Schlaf erwachte, stand Gita vor ihm. »Bist du krank?«

»Nein, nein.« Und er begriff erst allmählich, was sie, hastig und verworren, sprach.

Sie sagte, die Leute von San Rocco seien unterwegs, gegen ihn. Sie wollten ihn töten, denn »du, sagen sie, hast die Pest heraufbeschworen. Du hast auf der leeren Seite des Kirchhofes, wo nichts war, Hügel gemacht. Gräber, sagen sie, und hast die Leichen gerufen mit diesen Gräbern. Flieh, flieh!« bat Gita und warf sich in die Knie, heftig, als stürzte sie von der Höhe eines Turmes. Und auf dem Wege war schon ein dunkler Haufen zu sehen, der schwoll und näher kam. Staub voran. Und aus dem dumpfen Gemurmel der Menge lösen sich schon einzelne Worte und drohen. Und Gita springt auf und fällt wieder in die Knie und will den Fremden mit sich ziehen.

Er aber steht wie aus Stein, steht und befiehlt ihr, hineinzugehen in sein Haus und zu warten. Sie gehorcht. Sie hockt im Haus hinter der Tür, und das Herz klopft ihr im Hals und in den Händen, überall.

Da kommt ein Stein, wieder ein Stein; man hört sie beide in die Hecke schlagen. Gita erträgt es nicht mehr. Sie reißt die Türe auf und läuft, läuft gerade auf den dritten Stein zu, der ihr die Stirne zerschlägt. Der Fremde fängt sie auf, wie sie fällt, und trägt sie hinein in sein kleines, dunkles Haus. Und das Volk johlt und ist schon ganz nahe an der niedrigen Hecke, die es nicht aufhalten wird. Aber da geschieht etwas Unerwartetes. Furchtbares. Der kleine Schreiber mit dem Kahlkopf, Theophilo, hängt sich plötzlich an seinen Nachbar, den Schmied aus der Gasse vicolo S^{ma} Trinità. Er taumelt und seine Augen verdrehen sich auf eine seltsame Art. Und zugleich beginnt in der dritten Reihe ein Knabe zu schwanken und hinter ihm schreit eine Frau, eine Schwangere, auf, schreit, schreit, und alle kennen diesen Schrei und jagen auseinander, wahnsinnig vor Angst. Der Schmied, ein großer starker Mann, zittert und schüttelt den Arm, an dem der Schreiber gehangen hat, als wollte er ihn von sich schleudern, schüttelt und schüttelt.

Und drinnen im Hause kommt Gita, die auf dem Bette liegt, noch einmal zu sich und horcht.

»Sie sind fort«, sagt der Fremde, der über sie gebeugt ist. Sie kann ihn nicht mehr sehen, aber sie tastet leise über sein gesenktes Gesicht, um doch noch einmal zu wissen, wie es war. Ihr ist, als hätten sie lange zusammen gelebt, der Fremde und sie, Jahre und Jahre.

Und plötzlich sagt sie: »Die Zeit macht es nicht, nicht wahr?«

»Nein«, sagt er, »Gita, die Zeit macht es nicht.« Und er weiß, was sie meint. So stirbt sie.

Und er gräbt ihr ein Grab am Ende des Mittelweges, in dem reinen glänzenden Kies. Und der Mond kommt und es ist, als ob er in Silber grübe. Und er legt sie hinein auf Blumen und deckt sie mit Blumen zu. »Du Liebe«, sagt er und steht eine Weile still. Aber gleich darauf, als hätte er Angst vor dem Stillestehen und vor dem Nachdenken, beginnt er zu arbeiten. Sieben Särge stehen noch unbeerdigt; man hat sie im Laufe des letzten Tages heraus gebracht. Ohne viel Gefolge, obwohl in dem einen, besonders breiten Eichensarg Gian-Battista Vignola liegt, der Podestà. Alles ist anders geworden. Würden gelten nicht mehr. Statt eines Toten mit vielen Lebenden, kommt jetzt immer *ein* Lebender und bringt auf seinem Karren drei, vier Särge mit. Der rote Pippo, der das zu seinem Geschäft gemacht hat. Und der Fremde mißt, wie viel Raum er noch hat. Raum für etwa fünfzehn Gräber. Und so beginnt er seine Arbeit, und zuerst ist sein Spaten die einzige Stimme in der Nacht. Bis man wieder das Sterben hört aus der Stadt. Denn jetzt hält sich keiner mehr zurück; es ist kein Geheimnis mehr. Wen die Krankheit packt oder auch nur die Angst davor, der schreit und schreit und schreit, bis es zu Ende ist. Mütter fürchten sich vor ihren Kindern, keiner erkennt mehr den anderen, wie in ungeheurer Dunkelheit. Einzelne Verzweifelte halten Gelage und werfen die trunkenen Dirnen, wenn sie zu taumeln beginnen, aus den Fenstern hinaus, in Angst, die Krankheit könnte sie ergriffen haben.

Aber der Fremde draußen gräbt ruhig fort. Er hat das Gefühl: so lange er Herr ist hier, in diesen vier Hecken, so lang er hier ordnen kann und bauen, und wenigstens außen, wenigstens durch Blumen und Beete, diesem wahnwitzigen Zufall einen Sinn geben und ihn mit dem Land ringsherum versöhnen und in Einklang bringen kann, so lange hat der andere nicht Recht, und es kann ein Tag kommen, wo er – der andere – müd wird, nachgibt. Und zwei Gräber sind schon fertig. Aber da kommt es: Lachen, Stimmen, und ein Wagen knarrt. Der Wagen ist über und über mit Leichen beladen. Und der rote Pippo hat Genossen gefunden, die ihm helfen. Und sie greifen blind und gierig hinein in den Überfluß und zerren einen heraus, der sich zu wehren scheint, und schleudern ihn über die Hecke auf den Kirchhof. Und wieder einen. Der Fremde schafft ruhig weiter. Bis ihm der Körper eines jungen Mädchens, nackt und blutig, mit mißhandeltem Haar, vor die Füße fällt. Da droht der Totengräber hinaus in die Nacht. Und er will wieder an seine Arbeit gehen. Aber die trunkenen Bursche sind nicht aufgelegt, sich befehlen zu lassen. Immer wieder taucht der rote Pippo auf, hebt die flache Stirn und wirft einen Körper über die Hecke. So stauen sich die Leichen um den ruhigen Arbeiter auf. Leichen, Leichen, Leichen. Schwerer und schwerer geht der Spaten. Die Hände der Toten selbst scheinen sich wehrend darauf zu legen. Da hält der Fremde an. Auf seiner Stirne steht Schweiß. In seiner Brust ringt etwas. Dann tritt er näher an die Hecke heran, und als wieder Pippos roter, runder Kopf sich hebt, schwingt er mit weitem Ausholen den Spaten, fühlt wie er trifft und sieht noch, daß er schwarz und naß ist, wie er ihn zurückzieht. Er wirft ihn in weitem Bogen fort, und senkt die Stirn. Und so geht er langsam aus seinem Garten, in die Nacht: ein Besiegter. Einer, der zu früh gekommen ist, viel zu früh.

(1901/1902)

Samskola

Ich werde erzählen, was sich neulich in Gothenburg begeben hat. Es ist merkwürdig genug. Es geschah in dieser Stadt, daß mehrere Kinder zu ihren Eltern kamen und erklärten, sie wollten auch nachmittags in der Schule bleiben, auch wenn kein Unterricht ist, immer. Immer? Ja, so viel wie möglich. In welcher Schule?

Ich werde von dieser Schule erzählen. Es ist eine ungewöhnliche, eine völlig unimperativische Schule; eine Schule, die nachgiebt, eine Schule, die sich nicht für fertig hält, sondern für etwas Werdendes, daran die Kinder selbst, umformend und bestimmend, arbeiten sollen. Die Kinder, in enger und freundlicher Beziehung mit einigen aufmerksamen, lernenden, vorsichtigen Erwachsenen, Menschen, Lehrern, wenn man will. Die Kinder sind in dieser Schule die Hauptsache. Man begreift, daß damit verschiedene Einrichtungen fortfallen, die an anderen Schulen üblich sind. Zum Beispiel: jene hochnotpeinlichen Untersuchungen und Verhöre, die man Prüfungen genannt hat, und die damit zusammenhängenden Zeugnisse. Sie waren ganz und gar eine Erfindung der Großen. Und man fühlt gleich, wenn man die Schule betritt, den Unterschied. Man ist in einer Schule, in der es nicht nach Staub, Tinte und Angst riecht, sondern nach Sonne, blondem Holz und Kindheit.

Man wird sagen, daß eine solche Schule sich nicht halten kann. Nein, natürlich. Aber die Kinder halten sie. Sie besteht nun im vierten Jahre und man zählt in diesem Semester zweihundertfünfzehn Schüler, Mädchen und Knaben aus allen Altern. Denn es ist eine richtige Schule, die beim Anfang anfängt und bis ans Ende reicht. Freilich: dieses Ende liegt noch nicht ganz in ihrer Hand. An diesem Ausgang der Achtzehnjährigen steht, gespenstisch wie ein Revenant, die Reifeprüfung. Und sie treten, aus der Zukunft, in der sie schon waren, in eine andere Zeit zurück. In die Zeit ihrer Zeitgenossen. Aber sie sind doch, sozusagen, im Kommenden erzogen; werden sie das ganz verleugnen? Wird man es später an ihrem Leben merken?

Für alle, die jetzt und in den nächsten Jahren die Schule verlassen, trifft das noch nicht ganz zu; denn sie sind (da die Schule erst ihr viertes Jahr beginnt) nicht von Anfang an ihre Schüler gewesen. Sie sind eines Tages übergetreten, mit Schulerfahrungen und -konventionen behaftet und ganz voll von den Bazillen alter, verschleppter Schulseuchen. Wäre der junge Körper dieser neuen Schule nicht so durch und durch gesund, so hätten sie leicht eine Gefahr für ihn werden können. So aber gehen sie, ohne Schaden zu stiften, durch seinen Organismus durch; ihre schlechten Gebräuche und Schülerheimlichkeiten, die sie fortsetzen, bekommen, inmitten des weiten, offenen Vertrauens, inmitten dieser lebensgroßen Menschlichkeit, die weit über die Wände einer Schulstunde hinausreicht, einen Anschein von trauriger, harmloser Lächerlichkeit; sie werden so überflüssig wie die umwickelten Gebärden eines Freigelassenen, der fortfährt, in der Zeichen- und Klopfsprache des Gefängnisses sich auszudrücken. Aber wenn diese einmal scheu

Gemachten auch nicht fähig sind, sich in der Sonne der neuen Schule ganz arglos auszubreiten, so merkt man doch, wie sie sich erholen, wie sie sich aufrichten und, bei aller Frühreife ihrer trüben Erfahrung, reine, kindhaft lichte Triebe ansetzen und da und dort zum Blühen kommen. Aber man muß vorsichtig mit ihnen sein; denn die Freiheit ist eine Gefahr für sie.

Das Wort Freiheit ist genannt. Es scheint mir, als ob wir, die Erwachsenen, in einer Welt lebten, in der keine Freiheit ist. Freiheit ist bewegtes, steigendes, mit der Menschenseele sich wandelndes, wachsendes Gesetz. Unsere Gesetze sind nicht mehr die unserigen. Sie sind zurückgeblieben, während das Leben lief. Man hat sie zurückgehalten, aus Geiz, aus Habgier, aus Eigennutz; aber vor allem: aus Angst. Man wollte sie nicht mit auf den Wellen haben in Sturm und Schiffbruch; sie sollten in Sicherheit sein. Und da man sie so, gerettet aus aller Gefahr, auf dem Strande zurückließ, sind sie erstarrt. Und das ist unsere Not: daß wir Gesetze haben aus Stein. Gesetze, die nicht immer mit uns waren, fremde, unverwandte Gesetze. Keine von den tausend neuen Bewegungen unseres Blutes pflanzt sich in ihnen fort; unser Leben besteht nicht für sie; und die Wärme aller Herzen reicht nicht aus, einen Schimmer von Grün auf ihren kalten Oberflächen hervorzurufen. Wir schreien nach dem neuen Gesetz. Nach einem Gesetz, das Tag und Nacht bei uns bleibt und das wir erkannt und befruchtet haben wie ein Weib. Aber es kommt keiner, der solches Gesetz uns geben kann; es ist über die Kraft.

Aber denkt niemand daran, daß das neue Gesetz, das wir nicht zu schaffen vermögen, täglich anfangen kann mit denen, die wieder ein Anfang sind? Sind sie nicht wieder das Ganze, Schöpfung und Welt, wachsen nicht in ihnen alle Kräfte heran, wenn wir nur Raum geben? Wenn wir nicht aufdringlich, mit dem Recht des Stärkeren, den Kindern all das Fertige in den Weg stellen, das für unser Leben gilt, wenn sie nichts vorfinden, wenn sie alles machen müssen: werden sie nicht alles machen? Wenn wir uns hüten, den alten Riß zwischen Pflicht und Freude (Schule und Leben), Gesetz und Freiheit in sie hinein zu vergrößern: ist es nicht möglich, daß die Welt heil in ihnen heranwächst? Nicht in einer Generation freilich, nicht in der nächsten und übernächsten, aber langsam, von Kindheit zu Kindheit heilend?

Ich weiß nicht, ob man zu dem Ursprung der Schule auch durch diese Gedanken gegangen ist; es ist eine Welt von Gedanken gedacht worden. Aber nun ist sie da. Ihre einfache Heiterkeit spielt vor einem Hintergrunde dunkelsten Ernstes. Sie ist nicht in ein Programm eingeschlossen, sie ist nach allen Seiten offen. Und es ist gar nicht vom ›Erzieher‹ die Rede. Es handelt sich gar nicht darum. Denn wer kann erziehen? Wo ist der unter uns, der erziehen dürfte?

Was diese Schule versucht, ist dieses: nichts zu stören. Aber indem sie dies auf ihre tätige und hingebende Weise versucht, indem sie Hemmungen entfernt, Fragen anregt, horcht, beobachtet, lernt und vorsichtig liebt, – tut sie alles, was Erwachsene an denen tun können, die nach ihnen kommen sollen.

Das fünfteilige hölzerne Gebäude eines früheren Hospitals. An Kranke denkt man nicht mehr; nur etwas wie die Freude von vielen Genesenden ist darin geblieben.

Die Zimmer sind wie die Zimmer in einem Landhaus. Mittelgroß, mit klaren, einfarbigen Wänden und geräumigen Fenstern, in denen viele Blumen stehen. Die niedrigen, gelben, harzhellen Tische lassen sich, wenn es nötig ist, in der Art von Schulbänken anreihen; meist aber sind sie in der Mitte zu einem einzigen großen Tisch zusammengeschoben, wie in einer Wohnstube. Und die kleinen, behaglichen Sessel stehen rund herum. Natürlich ist alles da, was in ein richtiges Schulzimmer gehört: ein (übrigens nicht erhöhter) Lehrertisch, eine Tafel und alles andere. Aber diese Dinge repräsentieren nicht; sie ordnen sich ein. An der Wand, dem Fenster gegenüber, ist eine Karte von Schweden, blau, grün und rot: ein frohes, buntes Kinderland. Sonst sind Abbildungen von guten Gemälden da, in glatten, einfachen Holzrahmen. Des Velazquez kleiner reitender Infant. Daneben aber, ganz ebenso anerkannt, hängt das rote Haus, das der kleine Bengt oder Nils oder Ebbe gemalt hat, mit dem ernstesten Gesicht. Die lichten Gänge führen zu den Sälen hin, die für viele Beschäftigungen eingerichtet sind. Da ist ein weiter, luftiger Raum für die Handarbeiten der Kleinsten; in einem anderen werden Bürsten hergestellt und Bücher gebunden; eine Werkstatt ist da für Tischlerarbeiten und Mechanik, eine Druckerei und ein stilles, heiteres Musikzimmer.

Man hat das Gefühl: hier kann man etwas werden. Diese Schule ist nicht etwas Vorläufiges; da ist schon die Wirklichkeit. Da fängt das Leben schon an. Das Leben hat sich klein gemacht für die Kleinen. Aber es ist da, mit allen seinen Möglichkeiten und mit vielen Gefahren. Da hängen in den Werkstätten, wo die Zwölfjährigen arbeiten, all die scharfen Messer und Ahlen und Stahle, die man sonst ängstlich vor den Kindern verbirgt. Hier legt man sie ihnen vorsichtig und ernst und richtig in die

Hand und sie denken gar nicht daran, damit zu ›spielen‹. Sie beschäftigen sich so intensiv; und fast alle ihre Arbeiten sind gut und genau und brauchbar; des Handwerks tiefer Ernst kommt über sie.

Im Saal für Mechanik wurde ein Knabe gerufen, der einen Motor erfunden und im Modell ausgeführt hatte. Er sollte ihn erklären. Er war schon mit einer anderen Arbeit beschäftigt, von der er bereitwillig, aber doch ungern gestört, herüberkam. Sein Gesicht war noch ganz von der verlassenen Arbeit erfüllt. Aber dann nahm er sich zusammen und gab sachlich kurz die gewünschten Aufklärungen. Der Ton seiner Worte, die geschickten Gebärden, womit er sie begleitete, selbst die offene, sichere Art seiner Freundlichkeit zeigte den Arbeiter, der in seiner Arbeit lebt. Und wie bei diesem Knaben, so war bei allen Kindern Offenheit und Sicherheit zu finden; sie waren alle beschäftigt und froh und dadurch allen Tätigen nah; mochten es nun Erwachsene oder Kinder sein; in der ernsthaften und freudigen Beschäftigung war eine Gemeinsamkeit gegeben, auf der sich verkehren ließ; aller Grund zur Verlegenheit war fortgefallen.

Die Freudigkeit, die Neigung, womit in dieser Schule alles geschieht, prägt alle Dinge. Wie schön sind die von den Kindern gedruckten und gebundenen Bücher, wie rührend ausdrucksvoll sind ihre kleinen Modellierversuche; und ihre Blumenzeichnungen nach der Natur sind so richtig und liebevoll und gewissenhaft, daß sie, wo gewisse Voraussetzungen da sind, jeden Augenblick Kunst werden können. Es tut so gut, zu fühlen, daß in diesen Kindern nichts verkümmern kann. Jede, auch die leiseste Anlage muß nach und nach zum Blühen kommen. Keins von diesen Kindern muß sich dauernd zurückgesetzt glauben. Der Möglichkeiten sind so viele. Für ein jedes muß der Tag kommen, da es sein Können entdeckt, irgendeine Fähigkeit, eine Geschicklichkeit, eine Lust zu irgend etwas, die ihm in dieser kleinen Welt seinen Platz, seine Berechtigung giebt. Und was das wichtigste ist: diese kleine Welt ist im Grunde nichts anderes als die große Welt auch; was man in ihr ist, kann man überall sein; diese Schule ist nicht ein Gegensatz des Heims. Sie ist dasselbe. Sie ist nur zu jedem ›Zuhause‹ hinzugekommen, sie ist an alle Häuser angebaut und will mit ihnen in Verbindung sein. Sie ist nicht das andere. Die Eltern gehen in ihr eben so ein und aus wie ihre Kinder. Es steht ihnen frei, dann und wann einer Unterrichtsstunde beizuwohnen; sie kennen die Räume des Schulhauses und finden sich darin zurecht. Und auch im Verhältnis zum Leben will diese Schule nicht das andere sein. Deshalb kann sie keine Lehrer brauchen, die diesen Beruf ergreifen; die an ihr lehren, müssen von ihrem Beruf ergriffen sein. Es genügt nicht, daß sie einen Gegenstand beherrschen; dieser Gegenstand muß gewissermaßen unter freiem Himmel stehen; er darf nicht isoliert, nicht abgeschnitten, nicht aus allen Zusammenhängen gehoben sein. Er muß sich verwandeln, und wenn sich etwas rührt in der Welt, muß er zittern und tönen; man muß es an ihm merken können. Immer soll, unter dem Vorwande der verschiedenen Fächer, vom Leben die Rede sein. Wie schön war es, als einmal ein Bergmann kam, ein gewöhnlicher Bergmann, der schlicht und schwer von seinen schwarzen Tagen erzählte; und wie für ihn, so steht der Lehrersessel für jeden da, der etwas erfahren hat: für den Reisenden, der von fremden Gegenden erzählt, für den Mann, der Maschinen baut, und vor allem für den Schlichtesten unter den Wissenden, den Handwerker mit den klugen, vorsichtigen Händen. Denk, wenn einmal ein Zimmermann käme! Oder ein Uhrmacher oder gar ein Orgelbauer! Und sie können jeden Augenblick kommen. Denn ganz leise nur, ohne Last, liegt das Netz des Stundenplanes über den Tagen. Es wird oft verschoben. Die Wochen gehen einem nicht mit der monotonen Eile eines Rosenkranzes durch die Finger. Jeder Tag fängt an als etwas Neues und bringt unerwartete und erwartete und völlig überraschende Dinge. Und für alles ist Zeit. Die Frühstückspause ist so lang, daß man den Tisch abräumen und ihn mit hellem Wachstuch decken kann. Blumen werden in der Mitte daraufgestellt, Butterbrotteller und Gläser und Becher mit Milch; und dann sitzt es rund herum und ißt und träumt, lacht und erzählt und sieht wie eine Geburtstagsgesellschaft aus.

Es ist Zeit und Raum in dieser Schule. Um jedes dieser kleinen blonden Geschöpfe ist Raum. Wie ein Haus mit Garten ist jedes. Es ist nicht eingerammt zwischen seine Nachbarn. Es hat etwas um sich herum, etwas Lichtes, Freies, Blühendes. Es soll auch nicht gerade so wie seine Nachbarn aussehen; im Gegenteil: es soll so von Herzen verschieden sein, so aufrichtig anders, so wahr wie nur irgend möglich.

Es war konsequent und mutig, diesen Kindern keinen Religionsunterricht im herkömmlichen Sinn aufzuerlegen. Eine autoritative Beeinflussung an dieser empfindlichsten Stelle inneren Eigenlebens hätte alles Gerechte und Menschliche, das hier versucht worden ist, wieder aufgewogen. Man hat sich entschlossen, die biblischen Stoffe nach den reinsten, absichtslosesten Quellen als Historie vorzutragen, und man will nach und nach dazu kommen, Religion nicht ein- oder zweimal in der Woche zu geben, nicht heute von neun bis zehn, sondern immer, täglich, mit jedem Gegenstande, in jeder Stunde. Die Menschen, die diese Schule am meisten lieben, haben nach Tagen und nach Nächten, im ganzen Bewußtsein ihrer Verantwortung, diesen Beschluß gefaßt. Nun muß man Vertrauen zu ihnen haben. Kinder und Eltern. Denn diese Bedeutung scheint mir leise in dem Namen Samskola mitzuklingen: Gemeinschule, Schule für Knaben und Mädchen, aber auch: Schule für Kinder und Eltern und Lehrer. Da ist keiner über dem anderen; alle sind gleich und alle Anfänger. Und was gemeinsam gelernt werden soll, ist: die Zukunft.

Nur mit Einem reicht die Vergangenheit herein. Mit dem Aberglauben von den großen Kathedralen. Menschenleben sind unter den Grundsteinen verschwunden und der Mörtel ist auch bei diesem Bauwerk mit Herzblut gemischt.

(1904)

Zur Melodie der Dinge

I. Ganz am Anfang sind wir, siehst du.
Wie vor Allem. Mit
Tausend und einem Traum hinter uns und
ohne Tat.

II. Ich kann mir kein seligeres Wissen denken,
als dieses Eine:
daß man ein Beginner werden muß.
Einer der das erste Wort schreibt hinter einen
jahrhundertelangen
Gedankenstrich.

III. Das fällt mir ein: bei dieser Beobachtung: daß wir die Menschen noch immer auf Goldgrund malen, wie die ganz Primitiven. Vor etwas Unbestimmtem stehen sie. Manchmals vor Gold, manchmals auch vor Grau. Im Licht manchmals, und oft mit unergründlichem Dunkel hinter sich.

IV. Man begreift das. Um die Menschen zu erkennen, mußte man sie isolieren. Aber nach einer langen Erfahrung ist es billig, die Einzelbetrachtungen wieder in ein Verhältnis zu setzen, und mit gereiftem Blick ihre breiteren Gebärden zu begleiten.

v. Vergleiche einmal ein Goldgrundbild aus dem Trecento mit einer von den zahlreichen späteren Kompositionen italienischer Frühmeister, wo die Gestalten zu einer Santa Conversazione vor der leuchtenden Landschaft in der lichten Luft Umbriens sich zusammenfinden. Der Goldgrund isoliert eine jede, die Landschaft glänzt hinter ihnen wie eine gemeinsame Seele, aus der heraus sie ihr Lächeln und ihre Liebe holen.

vi. Dann denke an das Leben selbst. Erinnere dich, daß die Menschen viele und bauschige Gebärden und unglaublich große Worte haben. Wenn sie nur eine Weile so ruhig und reich wären, wie die schönen Heiligen des Marco Basaiti, müßtest du auch hinter ihnen die Landschaft finden, die ihnen gemeinsam ist.

vii. Und es giebt ja auch Augenblicke, da sich ein Mensch vor dir still und klar abhebt von seiner Herrlichkeit. Das sind seltene Feste, welche du niemals vergißt. Du liebst diesen Menschen fortan. Das heißt du bist bemüht die Umrisse seiner Persönlichkeit, wie du sie in jener Stunde erkannt hast, nachzuzeichnen mit deinen zärtlichen Händen.

viii. Die Kunst tut dasselbe. Sie ist ja die weitere, unbescheidenere Liebe. Sie ist die Liebe Gottes. Sie darf nicht bei dem Einzelnen stehen bleiben, der nur die Pforte des Lebens ist. Sie muß ihn durchwandern. Sie darf nicht müde werden. Um sich zu erfüllen muß sie dort wirken, wo Alle – *Einer* sind. Wenn sie dann diesen *Einen* beschenkt, kommt grenzenloser Reichtum über Alle.

IX. Wie weit sie davon ist, mag man auf der Bühne sehen, wo sie doch sagt oder sagen will, wie sie das Leben, nicht den Einzelnen in seiner idealen Ruhe, sondern die Bewegung und den Verkehr Mehrer(er) betrachtet. Dabei ergiebt sich, daß sie die Menschen einfach neben einander stellt, wie die im Trecento es taten, und es ihnen selbst überläßt sich mit einander zu befreunden über das Grau oder das Gold des Hintergrundes hin.

X. Und darum wird es auch so. Mit Worten und Gesten suchen sie sich zu erreichen. Sie renken sich fast die Arme aus, denn die Gebärden sind viel zu kurz. Sie machen unendliche Anstrengungen die Silben einander zuzuwerfen und sind dabei noch herzlich schlechte Ballspieler, die nicht auffangen können. So vergeht die Zeit mit Bücken und Suchen – ganz wie im Leben.

XI. Und die Kunst hat nichts getan, als uns die Verwirrung gezeigt in welcher wir uns meistens befinden. Sie hat uns beängstigt, statt uns still und ruhig zu machen. Sie hat bewiesen, daß wir jeder auf einer anderen Insel leben; nur sind die Inseln nicht weit genug um einsam und unbekümmert zu bleiben. Einer kann den Anderen stören oder schrecken oder mit Speeren verfolgen – nur helfen kann keiner keinem.

XII. Von Eiland zu Eiland giebt es nur eine Möglichkeit: gefährliche Sprünge, bei denen man mehr als die Füße gefährdet. Ein ewiges Hin- und Herhüpfen entsteht mit Zufällen und Lächerlichkeiten; denn es kommt vor, daß zwei zueinander springen, gleichzeitig, so daß sie einander nur in der Luft begegnen, und nach diesem mühsamen Wechsel ebenso weit sind – Eines vom Anderen – wie vorher.

XIII. Das ist weiter nicht wunderlich; denn in der Tat sind die Brücken zu einander, darüber man schön und festlich gegangen kommt, nicht *in* uns, sondern hinter uns, ganz wie auf den Landschaften des Fra Bartholome oder des Lionardo. Es ist doch so, daß das Leben sich zuspitzt in den einzelnen Persönlichkeiten. Von Gipfel zu Gipfel aber geht der Pfad durch die breiteren Tale.

XIV. Wenn zwei oder drei Menschen zusammenkommen, sind sie deshalb noch nicht beisammen. Sie sind wie Marionetten deren Drähte in verschiedenen Händen liegen. Erst wenn *eine* Hand alle lenkt, kommt eine Gemeinsamkeit über sie, welche sie zum Verneigen zwingt oder zum Dreinhauen. Und auch die Kräfte des Menschen sind dort, wo seine Drähte enden in einer haltenden herrschenden Hand.

XV. Erst in der gemeinsamen Stunde, in dem gemeinsamen Sturm, in der einen Stube, darin sie sich begegnen, finden sie sich. Erst bis ein Hintergrund hinter ihnen steht, beginnen sie miteinander zu verkehren. Sie müssen sich ja berufen können auf die *eine* Heimat. Sie müssen einander gleichsam die Beglaubigungen zeigen, welche sie mit sich tragen und welche Alle den Sinn und das Insiegel desselben Fürsten enthalten.

XVI. Sei es das Singen einer Lampe oder die Stimme des Sturms, sei es das Atmen des Abends oder das Stöhnen des Meeres, das dich umgiebt – immer wacht hinter dir eine breite Melodie, aus tausend Stimmen gewoben, in der nur da und dort dein Solo Raum hat. Zu wissen, *wann Du einzufallen hast*, das ist das Geheimnis deiner Einsamkeit: wie es die Kunst des wahren Verkehres ist: aus den hohen Worten sich fallen lassen in die eine gemeinsame Melodie.

XVII. Wenn die Heiligen des Marco Basaiti sich etwas anzuvertrauen hätten außer ihrem seligen Nebeneinandersein, sie würden sich nicht vorn im Bild, drin sie wohnen, ihre schmalen, sanften Hände reichen. Sie würden sich zurückziehen, gleich klein werden und tief im lauschenden Land über die winzigen Brücken zueinander kommen.

XVIII. Wir vorn sind ganz ebenso. Segnende Sehnsüchte. Unsere Erfüllungen geschehen weit in leuchtenden Hintergründen. Dort ist Bewegung und Wille. Dort spielen die Historien, deren dunkle Überschriften wir sind. Dort ist unser Vereinen und unser Abschiednehmen, Trost und Trauer. Dort *sind* wir, während wir im Vordergrunde kommen und gehen.

XIX. Erinnere dich an Menschen, die du beisammen fandest, ohne daß sie eine gemeinsame Stunde um sich hatten. Zum Beispiel Verwandte, die sich im Sterbezimmer einer wirklich geliebten Person begegnen. Da lebt die eine in dieser, die andere in jener tiefen Erinnerung. Ihre Worte gehen aneinander vorbei, ohne daß sie von einander wissen. Ihre Hände verfehlen sich in der ersten Verwirrung. – Bis der Schmerz hinter ihnen breit wird. Sie setzen sich hin, senken die Stirnen und schweigen. Es rauscht über ihnen wie ein Wald. Und sie sind einander nahe, wie nie vorher.

XX. Sonst, wenn nicht ein schwerer Schmerz die Menschen gleich still macht, hört der eine mehr, der andere weniger von der mächtigen Melodie des Hintergrundes. Viele hören sie gar nicht mehr. Sie sind wie Bäume welche ihre Wurzeln vergessen haben und nun meinen, daß das Rauschen ihrer Zweige ihre Kraft und ihr Leben sei. Viele haben nicht Zeit sie zu hören. Sie dulden keine Stunde um sich. Das sind arme Heimatlose, die den Sinn des Daseins verloren haben. Sie schlagen auf die Tasten der Tage und spielen immer denselben monotonen verlorenen Ton.

XXI. Wollen wir also Eingeweihte des Lebens sein, müssen wir zweierlei bedenken:

Einmal die große Melodie, in der Dinge und Düfte, Gefühle und Vergangenheiten, Dämmerungen und Sehnsüchte mitwirken, –

und dann: die einzelnen Stimmen, welche diesen vollen Chor ergänzen und vollenden.

Und um ein Kunstwerk, heißt: Bild des tieferen Lebens, des mehr als heutigen, immer zu allen Zeiten möglichen Erlebens, zu begründen, wird es notwendig sein die beiden Stimmen, *die* einer betreffenden Stunde und *die* einer Gruppe von Menschen darin, in das richtige Verhältnis zu setzen und auszugleichen.

XXII. Zu diesem Zweck muß man die beiden Elemente der Lebensmelodie in ihren primitiven Formen erkannt haben; man muß aus den rauschenden Tumulten des

Meeres den Takt des Wogenschlages ausschälen und aus dem Netzgewirr täglichen Gespräches die lebendige Linie gelöst haben, welche die anderen trägt. Man muß die reinen Farben nebeneinanderhalten um ihre Kontraste und Vertraulichkeiten kennenzulernen.

Man muß das Viele vergessen haben, um des Wichtigen willen.

XXIII. Zwei Menschen, die in gleichem Grade leise sind, müssen nicht von der Melodie ihrer Stunden reden. Diese ist ihr an und für sich Gemeinsames. Wie ein brennender Altar ist sie zwischen ihnen und sie nähren die heilige Flamme fürchtig mit ihren seltenen Silben.

Setze ich diese beiden Menschen aus ihrem absichtlosen Sein auf die Bühne, so ist mir offenbar darum zu tun, zwei Liebende zu zeigen und zu erklären, warum sie selig sind. Aber auf der Szene ist der Altar unsichtbar und es weiß keiner sich die seltsamen Gesten der Opfernden zu erklären.

XXIV. Da giebt es nun zwei Auswege:

entweder die Menschen müssen sich erheben und mit vielen Worten und verwirrenden Gebärden zu sagen versuchen, was sie vorher lebten.

Oder:

ich ändere nichts an ihrem tiefen Tun und sage selbst diese Worte dazu:

Hier ist ein Altar, auf welchem eine heilige Flamme brennt. Ihren Glanz können Sie auf den Gesichtern dieser beiden Menschen bemerken.

XXV. Das Letztere erscheint mir einzig künstlerisch. Es

geht nichts von dem Wesentlichen verloren; keine Vermengung der einfachen Elemente trübt die Reihe der Ereignisse, wenn ich den Altar, der die zwei Einsamen vereint, so schildere, daß Alle ihn sehen und an sein Vorhandensein glauben. Viel später wird es den Schauenden unwillkürlich werden, die flammende Säule zu sehen, und ich werde nichts Erläuterndes hinzu sagen müssen. Viel später.

XXVI. Aber das mit dem Altar ist nur ein Gleichnis, und ein sehr ungefähres obendrein. Es handelt sich darum, auf der Szene die gemeinsame Stunde, das worin die Personen zuworte kommen, auszudrücken. Dieses Lied, welches im Leben den tausend Stimmen des Tages oder der Nacht, dem Waldrauschen oder dem Uhrenticken und ihrem zögernden Stundenschlag überlassen bleibt, dieser breite Chor des Hintergrundes, der den Takt und Ton unserer Worte bestimmt, läßt sich auf der Bühne zunächst nicht mit den gleichen Mitteln begreiflich machen.

XXVII. Denn das was man ›Stimmung‹ nennt und was ja in neueren Stücken auch teilweise zu seinem Rechte kommt, ist doch nur ein erster unvollkommener Versuch, die Landschaft hinter Menschen, Worten und Winken durchschimmern zu lassen, wird von den Meisten überhaupt nicht bemerkt und kann um seiner leiseren Intimität willen überhaupt nicht von Allen bemerkt werden. Eine technische Verstärkung einzelner Geräusche oder Beleuchtungen wirkt lächerlich, weil sie aus tausend Stimmen eine einzelne zuspitzt, so daß die ganze Handlung an der einen Kante hängen bleibt.

XXVIII. Diese Gerechtigkeit gegen das breite Lied des Hintergrundes bleibt nur erhalten, wenn man es in seinem ganzen Umfange gelten läßt, was zunächst sowohl den Mitteln unserer Bühne, wie der Auffassung der mißtrauischen Menge gegenüber untunlich erscheint. – Das Gleichgewicht kann nur durch eine strenge Stilisierung erreicht werden. Wenn man nämlich die Melodie der Unendlichkeit auf denselben Tasten spielt, auf denen die Hände der Handlung ruhen, das heißt das Große und Wortlose zu den Worten herunterstimmt.

XXIX. Dieses ist nichts anderes als die Einführung eines Chors, der sich ruhig aufrollt hinter den lichten und flimmernden Gesprächen. Dadurch daß die Stille in ihrer ganzen Breite und Bedeutung fortwährend wirkt, erscheinen die Worte vorn als ihre natürlichen Ergänzungen, und es kann dabei eine geründete Darstellung des Lebensliedes erzielt werden, welche sonst schon durch die Unverwendbarkeit von Düften und dunklen Empfindungen auf der Bühne, ausgeschlossen schien.

XXX. Ich will ein ganz kleines Beispiel andeuten: – Abend. Eine kleine Stube. Am Mitteltisch unter der Lampe sitzen zwei Kinder einander gegenüber, ungern über ihre Bücher geneigt. Sie sind beide weit – weit. Die Bücher verdecken ihre Flucht. Dann und wann rufen sie sich an, um sich nicht in dem weiten Wald ihrer Träume zu verlieren. Sie erleben in der engen Stube bunte und phantastische Schicksale. Sie kämpfen und siegen. Kommen heim und heiraten. Lehren ihre Kinder Helden sein. Sterben wohl gar.

Ich bin so eigenwillig, das für Handlung zu halten!

XXXI. Aber was ist diese Szene ohne das Singen der hellen altmodischen Hängelampe, ohne das Atmen und Stöhnen der Möbel, ohne den Sturm um das Haus. Ohne diesen ganzen dunklen Hintergrund, durch welchen sie die Fäden ihrer Fabeln ziehen. Wie anders würden die Kinder im Garten träumen, anders am Meer, anders auf der Terrasse eines Palastes. Es ist nicht gleichgültig, ob man in Seide oder in Wolle stickt. Man muß wissen, daß sie in dem gelben Canevas dieses Stubenabends die paar ungelenken Linien ihres Maeandermusters unsicher wiederholen.

XXXII. Ich denke nun daran, die ganze Melodie so wie die Knaben sie hören, erklingen zu lassen. Eine stille Stimme muß sie über der Szene schweben, und auf ein unsichtbares Zeichen fallen die winzigen Kinderstimmen ein und treiben hin, während der breite Strom durch die enge Abendstube weiterrauscht von Unendlichkeit zu Unendlichkeit.

XXXIII. Solcher Szenen weiß ich viele und breitere. Je nach ausdrücklicher, ich meine allseitiger Stilisierung oder vorsichtiger Andeutung derselben, findet der Chor auf der Szene selbst seinen Raum und wirkt dann auch durch seine wachsame Gegenwart, oder sein Anteil beschränkt sich auf die Stimme, die, breit und unpersönlich, aus dem Brauen der gemeinsamen Stunde steigt. In jedem Fall wohnt auch in ihr, wie im antiken Chor, das weisere Wissen; nicht weil sie urteilt über das Geschehen der Handlung, sondern weil sie die Basis ist, aus der jenes leisere Lied sich auslöst und in deren Schooß es endlich schöner zurückfällt.

XXXIV. Die stilisierte, also unrealistische Darstellung halte ich in diesem Fall nur für einen Übergang; denn auf der Bühne wird immer diejenige Kunst am willkommensten sein, welche lebensähnlich und in diesem äußeren Sinne ›wahr‹ ist. Aber dieses gerade ist der Weg zu einer selbst sich vertiefenden, innerlichen Wahrheit: die primitiven Elemente zu erkennen und zu verwenden. Hinter einer ernsten Erfahrung wird man die begriffenen Grundmotive freier und eigenwilliger brauchen lernen und damit auch wieder dem realistischen, dem zeitlich Wirklichen näher kommen. Es wird aber nicht dasselbe sein wie vorher.

XXXV. Diese Bemühungen erscheinen mir notwendig, weil sonst die Erkenntnis der feineren Gefühle, die eine lange und ernste Arbeit sich errang, im Lärm der Bühne ewig verloren gehen (würde). Und das ist schade. Von der Bühne her kann, wenn es tendenzlos und unbetont geschieht, das neue Leben verkündet, das heißt auch denen vermittelt werden, die nicht aus eigenem Drang und eigener Kraft seine Gebärden lernen. Sie sollen nicht bekehrt werden von der Szene her. Aber sie sollen wenigstens erfahren: das giebt es in unserer Zeit, eng neben uns. Das ist schon Glückes genug.

XXXVI. Denn es ist fast von der Bedeutung einer Religion, dieses Einsehen: daß man, sobald man einmal die Melodie des Hintergrundes gefunden hat, nicht mehr ratlos ist in seinen Worten und dunkel in seinen Entschlüssen. Es ist eine sorglose Sicherheit in der einfachen Überzeugung, Teil einer Melodie zu sein, also einen bestimmten Raum zu Recht zu besitzen und eine bestimmte Pflicht an einem breiten Werke zu haben, in dem der Geringste ebensoviel wertet wie der Größte. Nicht überzählig zu sein, ist die erste Bedingung der bewußten und ruhigen Entfaltung.

XXXVII. Aller Zwiespalt und Irrtum kommt davon her, daß die Menschen das Gemeinsame *in* sich, statt in den Dingen *hinter* sich, im Licht, in der Landschaft im Beginn und im Tode, suchen. Sie verlieren dadurch sich selbst und gewinnen nichts dafür. Sie vermischen sich, weil sie sich doch nicht vereinen können. Sie halten sich aneinander und können doch nicht sicheren Fuß fassen, weil sie beide schwankend und schwach sind; und in diesem gegenseitigen Sich-stützen-wollen geben sie ihre ganze Stärke aus, so daß nach außen hin auch nicht die Ahnung eines Wellenschlages fühlbar wird.

XXXVIII. Jedes Gemeinsame setzt aber eine Reihe unterschiedener einsamer Wesen voraus. Vor ihnen war es einfach ein Ganzes ohne jegliche Beziehung, so vor sich hin. Es war weder arm noch reich. Mit dem Augenblick, wo verschiedene seiner Teile der mütterlichen Einheit entfremden, tritt es in Gegensatz zu ihnen; denn sie entwickeln sich von ihm fort. Aber es läßt sie doch nicht aus der Hand. Wenn die Wurzel auch nicht von den Früchten weiß, sie nährt sie doch.

XXXIX. Und wie Früchte sind wir. Hoch hangen wir in seltsam verschlungenen Ästen und viele Winde geschehen uns. Was wir besitzen, das ist unsere Reife und Süße und Schönheit. Aber die Kraft dazu strömt in *einem* Stamm aus einer über Welten hin weit gewordenen

Wurzel in uns Alle. Und wenn wir für ihre Macht zeugen wollen, so müssen wir sie jeder brauchen in unserem einsamsten Sinn. Je mehr Einsame, desto feierlicher, ergreifender und mächtiger ist ihre Gemeinsamkeit.

XXXX. Und gerade die Einsamsten haben den größten Anteil an der Gemeinsamkeit. Ich sagte früher, daß der eine mehr, der andere weniger von der breiten Lebensmelodie vernimmt; dem entsprechend fällt ihm auch eine kleinere oder geringere Pflicht in dem großen Orchester zu. Derjenige, welcher die ganze Melodie vernähme, wäre der Einsamste und Gemeinsamste zugleich. Denn er würde hören, was Keiner hört, und doch nur weil er in seiner *Vollendung* begreift, was die anderen dunkel und lückenhaft erlauschen.

(1898)

Über Kunst

(I)

Graf Lew Tolstoj hat in seinem letzten vielumfragten Buche ›Was ist Kunst?‹ seiner eigenen Antwort eine lange Reihe von Definitionen aus allen Zeiten vorangestellt. Und von Baumgarten bis Helmholtz, Shaftesbury bis Knight, Cousin bis Sar Peladan ist Raum genug für Extreme und Widersprüche.

Allen diesen Meinungen von Kunst, derjenigen Tolstojs mit eingeschlossen, ist aber Eines gemeinsam: es wird nicht so sehr das Wesen der Kunst betrachtet, vielmehr sind alle bemüht, sie aus ihren Wirkungen zu erklären.

Es ist, als ob man sagte: Die Sonne ist das, welches Früchte reift, Wiesen wärmt und Wäsche trocknet. Man vergißt, daß dieses letztere jeder Ofen vermag.

Wenngleich wir Modernen am weitesten entfernt sind von der Möglichkeit, anderen oder auch nur uns selbst durch Definitionen zu helfen, haben wir doch vielleicht vor den Gelehrten die Unbefangenheit und Aufrichtigkeit und eine leise Erinnerung aus Schaffensstunden voraus, welche unseren Worten in Wärme ersetzt, was ihnen an historischer Würde und Gewissenhaftigkeit fehlt. Die Kunst stellt sich dar als eine Lebensauffassung, wie etwa die Religion und die Wissenschaft und der Sozialismus auch. Sie unterscheidet sich von den anderen Auffassungen nur dadurch, daß sie nicht aus der Zeit resultiert und gleichsam als die Weltanschauung des letzten Zieles erscheint. In einer graphischen Darstellung, bei welcher die einzelnen Lebensmeinungen als Linien in die ebene Zukunft fortgeführt würden, wäre sie die längste Linie, vielleicht das Stück einer Kreisperipherie, das sich als Gerade darstellt, weil der Radius unendlich ist.

Wenn ihr einmal die Welt unter den Füßen zerbricht, bleibt sie als das Schöpferische unabhängig bestehen und ist die sinnende Möglichkeit neuer Welten und Zeiten.

Deshalb ist auch der, welcher sie zu seiner Lebensanschauung macht, der Künstler, der Mensch des letzten Zieles, der jung durch die Jahrhunderte geht, mit keiner Vergangenheit hinter sich. Die anderen kommen und gehen, er dauert. Die anderen haben Gott hinter sich wie eine Erinnerung. Dem Schaffenden ist Gott die letzte, tiefste Erfüllung. Und wenn die Frommen sagen: »Er ist«, und die Traurigen fühlen: »Er war«, so lächelt der Künstler: »Er wird sein«. Und sein Glauben ist mehr als Glauben; denn er selbst baut an diesem Gott. Mit jedem Schauen, mit jedem Erkennen, in jeder seiner leisen Freuden fügt er ihm eine Macht und einen Namen zu, damit der Gott endlich in einem späten Urenkel sich vollende, mit allen Mächten und allen Namen geschmückt.

Das ist die Pflicht des Künstlers.

Weil er sie aber als Einsamer mitten im Heute wirkt, so stoßen seine Hände da und dort an die Zeit. Nicht, daß sie das Feindliche wäre. Aber sie ist das Zögernde, Zweifelnde, Mißtrauische. Sie ist der Widerstand. Und erst aus diesem Zwiespalt zwischen der gegenwärtigen Strömung und der zeitfremden Lebensmeinung des Künstlers entsteht eine Reihe kleiner Befreiungen, wird des

Künstlers sichtbare Tat: das Kunstwerk. Nicht aus seiner naiven Neigung heraus. Es ist immer eine Antwort auf ein Heute.

Das Kunstwerk möchte man also erklären: als ein tiefinneres Geständnis, das unter dem Vorwand einer Erinnerung, einer Erfahrung oder eines Ereignisses sich ausgiebt und, losgelöst von seinem Urheber, allein bestehen kann.

Diese Selbständigkeit des Kunstwerkes ist die Schönheit. Mit jedem Kunstwerke kommt ein Neues, ein Ding mehr in die Welt.

Man wird finden, daß in dieser Definition alles Raum hat: von den gotischen Domen des Jehan de Beauce bis zu einem Möbel des jungen van der Velde. –

Die Kunsterklärungen, welche die *Wirkung* zur Grundlage nehmen, umfassen viel mehr. Sie müssen in ihren Konsequenzen auch notwendig den Fehler begehen, statt von der Schönheit vom Geschmack, das heißt statt von Gott vom Gebete zu reden. Und so werden sie ungläubig und verwirren sich immer mehr.

Wir müssen es aussprechen, daß das Wesen der Schönheit nicht im Wirken liegt, sondern im Sein. Es müßten sonst Blumenausstellungen und Parkanlagen schöner sein als ein wilder Garten, der vor sich hinblüht irgendwo und von dem Keiner weiß.

(II)

Wenn ich die Kunst als eine Lebensanschauung bezeichne, meine ich damit nichts Ersonnenes. Lebensanschauung will hier aufgefaßt sein in dem Sinne: Art zu sein. Also kein Sich-Beherrschen und -Beschränken um bestimmter Zwecke willen, sondern ein sorgloses Sich-

Loslassen, im Vertrauen auf ein sicheres Ziel. Keine Vorsicht, sondern eine weise Blindheit, die ohne Furcht einem geliebten Führer folgt. Kein Erwerben eines stillen, langsam wachsenden Besitzes, sondern ein fortwährendes Vergeuden aller wandelbaren Werte. Man erkennt: diese Art zu sein hat etwas Naives und Unwillkürliches und ähnelt jener Zeit des Unbewußten an, deren bestes Merkmal ein freudiges Vertrauen ist: der Kindheit. Die Kindheit ist das Reich der großen Gerechtigkeit und der tiefen Liebe. Kein Ding ist wichtiger als ein anderes in den Händen des Kindes. Es spielt mit einer goldenen Brosche oder mit einer weißen Wiesenblume. Es wird in der Ermüdung beide gleich achtlos fallen lassen und vergessen, wie beide ihm gleich glänzend schienen in dem Lichte seiner Freude. Es hat nicht die Angst des Verlustes. Die Welt ist ihm noch die schöne Schale, darin nichts verloren geht. Und es empfindet als sein Eigentum Alles, was es einmal gesehen, gefühlt oder gehört hat. Alles, was ihm einmal begegnet ist. Es zwingt die Dinge nicht, sich anzusiedeln. Eine Schar dunkler Nomaden wandern sie durch seine heiligen Hände wie durch ein Triumphtor. Werden eine Weile licht in seiner Liebe und verdämmern wieder dahinter; aber sie müssen Alle durch diese Liebe durch. Und was einmal in der Liebe aufleuchtete, das bleibt darin im Bilde und läßt sich nie mehr verlieren. Und das Bild ist Besitz. Darum sind Kinder so reich.

Ihr Reichtum ist freilich rohes Gold, nicht übliche Münze. Und er scheint immer mehr an Wert einzubüßen, je mehr Macht die Erziehung gewinnt, die die ersten unwillkürlichen und ganz individuellen Eindrücke durch überkommene und historisch entwickelte Begriffe ersetzt und die Dinge, der Tradition gemäß, zu wertvollen und unbedeutenden, erstrebenswerten und gleichgiltigen stempelt. Das ist die Zeit der Entscheidung. Entweder es bleibt jene Fülle der Bilder unberührt hinter dem Eindrängen der neuen Erkenntnisse, oder die alte Liebe versinkt wie eine sterbende Stadt in dem Aschenregen dieser unerwarteten Vulkane. Entweder das Neue wird der Wall, der ein Stück Kindsein umschirmt, oder es wird die Flut, die es rücksichtslos vernichtet. Das heißt das Kind wird entweder älter und verständiger im bürgerlichen Sinn, als Keim eines brauchbaren Staatsbürgers, es tritt in den Orden *seiner* Zeit ein und empfängt ihre Weihen, oder es reift einfach ruhig weiter von tiefinnen, aus seinem eigensten Kindsein heraus, und das bedeutet, es wird Mensch im Geiste *aller* Zeiten: Künstler.

In diesen Tiefen und nicht in den Tagen und Erfahrungen der Schule verbreiten sich die Wurzeln des wahren Künstlertums. Sie wohnen in dieser wärmeren Erde, in der niegestörten Stille dunkler Entwicklungen, die nichts wissen von dem Maß der Zeit. Möglich, daß andere Stämme, die aus der Erziehung, aus dem kühleren, von den Veränderungen der Oberfläche beeinflußten Boden ihre Kräfte heben, höher in den Himmel wachsen als so ein tiefgründiger Künstlerbaum. Dieser streckt nicht seine vergänglichen Äste, durch welche die Herbste und Frühlinge ziehen, zu Gott, dem Ewigfremden, hin; er breitet ruhig seine Wurzeln aus, und sie umrahmen den Gott, der hinter den Dingen ist, dort, wo es ganz warm und dunkel wird.

Darum, weil die Künstler viel weiter in die Wärme alles Werdens hinabreichen, steigen *andere* Säfte in ihnen zu den Früchten auf. Sie sind der weitere Kreislauf, in dessen Bahn immer neue Wesen sich einfügen. Sie sind die Einzigen, die Geständnisse tun können, wo die Anderen verhüllte Fragen haben. Niemand kann die Grenzen ihres Seins erkennen.

Den unmeßbaren Brunnen möchte man sie vergleichen. Da stehen die Zeiten an ihrem Rand und werfen ihr Urteil und Wissen wie Steine in die unerforschte Tiefe und lauschen. Die Steine fallen immer noch seit Jahrtausenden. Keine Zeit hat noch den Grund gehört.

(III)

Die Geschichte ist das Verzeichnis der Zufrühgekommenen. Da wacht immer wieder Einer in der Menge auf, der in ihr keine Ursache hat und dessen Erscheinen sich in breiteren Gesetzen begründet. Er bringt fremde Gebräuche mit und fordert Raum für unbescheidene Gebärden. So wächst eine Gewaltsamkeit aus ihm und ein Wille, der über Furcht und Ehrfurcht wie über Steine schreitet. Rücksichtslos redet Zukünftiges durch ihn; und seine Zeit weiß nicht, wie sie ihn werten soll, und in diesem Zögern versäumt sie ihn. Er geht an ihrer Unentschlossenheit zu Grunde. Er stirbt wie ein verlassener Feldherr oder wie ein voreiliger Frühlingstag, dessen Drängen die träge Erde nicht begreift. Aber Jahrhunderte später, wenn man seine Standbilder schon nicht mehr bekränzt und sein Grab vergessen ist und irgendwo grünt, – dann wacht er wieder auf und geht näher und als Zeitgenosse durch den Geist seiner Enkel.

So haben wir schon Viele wiedererlebt; Fürsten und Philosophen, Kanzler und Könige, Mütter und Märtyrer, denen ihre Zeit Wahn und Widerstand war, leben leiser neben uns und reichen uns lächelnd ihre alten Gedanken, die nun keinem mehr laut und lästerlich sind. Sie gehen neben uns zu Ende, beschließen müde ihre Unsterblichkeit, setzen uns zu Erben ihres Ewigen ein und haben den täglichen Tod. Dann haben ihre Denkmäler keine Seele mehr, ihre Historie ist überflüssig geworden, weil wir ihr Wesen wie ein eigenes Erlebnis besitzen. So sind die Vergangenheiten wie Gerüste, die zusammenbrechen vor dem fertigen Bau; aber wir wissen, daß jede Vollendung wieder Gerüst wird und daß, von hundert Stürzen verhüllt, das letzte Gebäude ersteht, das Turm und Tempel sein wird und Haus und Heimat.

Einst, wenn dieses Monument sich bekrönt, wird die Reihe an die Künstler kommen – Zeitgenossen jener Vollender zu sein. Denn sie sind als die Allerzukünftigsten durch die Tage gegangen, und wir haben noch nicht den Geringsten von ihnen wie einen Bruder erkannt. Sie kommen uns vielleicht mit ihrer Gesinnung nah, sie rühren uns mit irgend einem Werke an, sie neigen sich uns, und wir begreifen einen Blitz lang ihr Bild; – allein wir können sie im Heut nicht leben und nicht sterben denken. Und eher werden uns die Hände mächtig, Berge und Bäume zu heben, als einem von diesen Toten die Augen zu schließen, die schauenden.

Und selbst die Schaffenden unserer Zeit können jene Großen, deren Heimat erst sein wird, nicht zu Gaste laden; denn sie sind selber nicht zu Hause und sind Wartende und einsame Künftige und ungeduldige Einsame. Und ihr geflügeltes Herz stößt überall an die Mauern der Zeit. Und wenn sie gleich Weise sind, die ihre Zelle lieb gewinnen und das Stückchen Himmel, das in ihrem Fenstergitter wie im Netz gefangen liegt, und die eine Schwalbe, die ihr Nest, Vertrauens voll, über ihre

Traurigkeit gehängt hat, – so sind sie doch auch Sehnsüchtige, die nicht immer bei gefalteten Tüchern und gehäuften Truhen warten wollen. Oft drängt es sie, die Gewebe auszubreiten, daß die unterbrochenen Bilder und Farben, die der Weber ersann, Sinn erhielten vor ihren Blicken und Zusammenhang, und sie wollen Gefäße und Gold, das ihnen die Laden füllt, aus dem dunklen Besitzen heben in den klaren Gebrauch.

Aber sie sind Zufrühgekommene. Und was sich ihnen nicht löst im Leben, das wird ihr Werk. Und sie stellen es brüderlich neben die dauernden Dinge, und die Trauer des Nichterlebten ist die geheimnisvolle Schönheit über ihm. Und diese Schönheit weiht ihnen Söhne und Erben. Und so hält sich, am Schaffen entlang, ein Geschlecht Nochnichtlebender und harrt seiner Zeit.

Und der Künstler ist immer noch dieser: ein Tänzer, dessen Bewegung sich bricht an dem Zwang seiner Zelle. Was in seinen Schritten und dem beschränkten Schwung seiner Arme nicht Raum hat, kommt in der Ermattung von seinen Lippen, oder er muß die noch ungelebten Linien seines Leibes mit wunden Fingern in die Wände ritzen.

(1898)

Kunstwerke

Vielleicht war es immer so. Vielleicht war immer eine weite Fremde zwischen einer Zeit und der großen Kunst, welche in ihr entstand. Vielleicht waren die Kunstwerke immer so einsam, wie sie es heute sind, und vielleicht war der Ruhm niemals etwas anderes als der Inbegriff aller Mißverständnisse, die sich um einen neuen Namen versammeln. Es liegt kein Grund vor zu glauben, daß es jemals anders war. Denn das, was die Kunstwerke unterscheidet von allen anderen Dingen, ist der Umstand, daß sie gleichsam zukünftige Dinge sind, Dinge, deren Zeit noch nicht gekommen ist. Die Zukunft, aus der sie stammen, ist fern; sie sind die Dinge jenes letzten Jahrhunderts, mit welchem einmal der große Kreis der Wege und Entwicklungen sich schließt, sie sind die vollkommenen Dinge und Zeitgenossen des Gottes, an dem die Menschen seit Anbeginn bauen und den sie noch lange nicht vollenden werden. Wenn es trotzdem scheint, als ob die großen Kunstdinge vergangener Epochen mitten im Rauschen ihrer Zeiten gestanden hätten, so mag man dies damit erklären, daß den entfernten Tagen (von denen wir so wenig wissen) jene letzte und wunderbare Zukunft, welche die Heimat der Kunstwerke ist, näher war als uns. Das Morgen schon war ein Teil des Weiten und Unbekannten, es lag hinter jedem Grab, und die Götterbilder waren die Grenzsteine eines Reichs tiefer Erfüllungen. Langsam entfernte sich diese Zukunft von den Menschen. Glaube und Aberglaube drängte sie hinaus in immer größere Fernen, Liebe und Zweifel warf sie über die Sterne hinaus und in die Himmel hinein. Unsere Lampen endlich sind weitsichtig geworden, unsere Instrumente reichen über Morgen und Übermorgen, wir entziehen mit den Mitteln der Forschung kommende Jahrhunderte der Zukunft und machen sie zu einer Art noch nicht begonnener Gegenwart. Die Wissenschaft hat sich aufgerollt wie ein weiter, unabsehbarer Weg, die schweren und schmerzhaften Entwicklungen der Menschen, der einzelnen und der Massen, füllen die nächsten Jahrtausende als eine unendliche Aufgabe und Arbeit aus.

Und weit, weit hinter alledem, liegt die Heimat der Kunstwerke, jener seltsam verschwiegenen und geduldigen Dinge, die fremd umherstehen unter den Dingen täglichen Gebrauches, unter den beschäftigten Menschen, den dienenden Tieren und den spielenden Kindern.

(1903)

Inhalt

Zeittafel

1875 Am 4. Dezember in Prag geboren. Eltern: Josef Rilke und Sophie (Phia), geb. Entz.

1882 Eintritt in die von Piaristen geleitete Deutsche Volksschule.

1886 Als ›Landesstipendiat‹ in die Militärunterrealschule von St. Pölten. Die Eltern trennen sich.

1890 Militäroberrealschule Mährisch-Weißkirchen.

1891 Ende der Militärschulzeit, Besuch der Handelsakademie in Linz.

1892 Private Vorbereitung zum Abitur in Prag.

1894 »Leben und Lieder«.

1895 Abitur. Beginn des Studiums in Prag. Mitarbeit an vielen Zeitschriften; »Wegwarten«, »Larenopfer«.

1896 Studium in München. Wilhelm v. Scholz, Wassermann.

1897 Begegnung mit Lou Andreas-Salomé, im Herbst Fortsetzung des Studiums in Berlin: George und die Brüder Carl und Gerhart Hauptmann. »Traumgekrönt«, das Drama »Im Frühfrost« wird in Prag aufgeführt.

1898 Berlin, Florenz, Zoppot, Berlin. »Advent«, »Am Leben hin«.

1899 Berlin. Wien: Schnitzler, Hofmannsthal. Um Ostern erste russische Reise mit dem Ehepaar Andreas. Besuche bei Leonid Pasternak und Tolstoi in Moskau. »Mir zur Feier«.

1900 Zweite Reise nach Rußland mit Lou Andreas-Salomé. Besuch bei Tolstoi in Jasnaja Poljana, Moskau, Kiew, Wolgafahrt, Petersburg. Nach der Rückkehr Einladung Heinrich Vogelers nach Worpswede, Begegnung mit Paula Becker und Clara Westhoff. »Vom lieben Gott und Anderes« (Novellen).

1901 Heirat mit der Bildhauerin Clara Westhoff, Wohnsitz Westerwede. Geburt der Tochter Ruth. »Das tägliche Leben« wird in Berlin aufgeführt.

1902 Westerwede, Haseldorf, Paris. »Worpswede« (Monographie), »Das Buch der Bilder«, »Die Letzten« (Erzählungen).

1903 Paris: bei Rodin, Arbeit an der Monographie »Auguste Rodin«. Viareggio, Worpswede, Rom.

1904 Rom. Kopenhagen, Süd-Schweden; Oberneuland bei Bremen. »Geschichten vom lieben Gott«, Neuausgabe der Erzählungen von 1900.

1905 Oberneuland, Dresden, Göttingen, Berlin: S. Fischer, Friedelhausen (Hessen). Zu Rodin nach Meudon bei Paris. Erste Vortragsreise. »Das Stunden-Buch«.

1906 Paris. Zweite Vortragsreise, Tod des Vaters in Prag. Trennung von Rodin. Reise nach Flandern und in Deutschland. Capri. »Das Buch der Bilder«, erweiterte Neuausgabe, »Die Weise von Liebe und Tod des Cornets Christoph Rilke«.

1907 Capri. Paris, dritte Vortragsreise, Wien: Rudolf Kassner. Venedig. Oberneuland. »Neue Gedichte«, »Auguste Rodin«, erweiterte Neuausgabe.

1908 Oberneuland. Capri. Paris: Verhaeren, Gide. »Der Neuen Gedichte anderer Teil«, »Elizabeth Barrett-Brownings Sonette nach dem Portugiesischen« Übertragung.

1909 Paris. Reisen in die Provence. Bad Rippoldsau. Paris: Begegnung mit der Fürstin Marie von Thurn und Taxis. »Requiem«, »Die frühen Gedichte«.

1910 Paris. Vortrag in Elberfeld, Besuch bei Kippenberg in Leipzig; Jena, Weimar, Berlin. Rom. Schloß Duino bei Triest. Oberneuland. Besuch der Fürstin Taxis in Lautschin und S. v. Nádhernýs in Janovič in Böhmen. Paris, Reise nach Nordafrika: Algier, Tunis. »Die Aufzeichnungen des Malte Laurids Brigge«.

1911 Neapel. Ägypten, Nilfahrt bis Assuan. Venedig, Paris. Besuch in Deutschland. Paris. Winter 0911/12: auf Schloß Duino. »Maurice de Guérin: Der Kentauer« Übertragung.

1912 Erste Elegien in Duino. Venedig: Eleonora Duse. München, Paris, Reise nach Spanien: Winter 1912/13 in Toledo und Ronda. »Die Liebe der Magdalena« Übertragung.

1913 Ronda, Madrid, Paris. Reisen in Deutschland: Werfel. Paris. »Das Marien-Leben«, »Erste Gedichte«, »Portugiesische Briefe« Übertragung.

1914 Paris. Berlin, Paris, Duino, Paris. Bei Kriegsausbruch in Deutschland, verliert R. seine Habe in Paris. Leipzig, München, Berlin. »André Gide: Die Rückkehr des verlorenen Sohnes« Übertragung.

1915 München, wo auch Clara und Ruth R. leben, wird R.s Wohnsitz. Zum Freundeskreis gehören Loulou Albert-Lasard, Regina Ullmann, Annette Kolb, Hellingrath, Hausenstein, Carossa. Begegnung mit Walther Rathenau. November: Musterung und Einberufung. Berlin, Wien.

1916 Wien. Januar bis Juni Militärdienst, seit Februar im Kriegsarchiv. Rodaun: Umgang mit Hofmannsthal, Zweig, Kassner. München.

1917 München. Berlin: Graf Kessler, Richard von Kühlmann. München: Hofmannsthal.

1918 München: Wiedersehen mit Kippenberg, Beziehungen zu Eisner und Toller. »Die vierundzwanzig Sonette der Louïze Labé« Übertragung.

1919 München: Besuch Lou Andreas-Salomés. Juni: Vortragsreise in die Schweiz. Zürich, Winterthur: Die Brüder Reinhart, Begegnung mit Nanny Wunderly-Volkart. Genf, Soglio. Locarno. »Ur-Geräusch«.

1920 Locarno. Basel und Schönenberg bei Basel: Familien Burckhardt und von der Mühll. Wiedersehen mit der Fürstin Taxis in Venedig. Genf: Baladine Klossowska. Paris. Berg am Irchel.

1921 Berg: Lese-Begegnung mit Paul Valéry. Von Sierre aus Entdeckung des Château de Muzot.

1922 Château de Muzot: im Februar Vollendung der »Duineser Elegien«, Niederschrift der »Sonette an Orpheus«. Besucher: Fürstin Taxis, Kippenbergs. In Deutschland Heirat Ruth Rilkes.

1923 Muzot. Reisen in der Schweiz, Arbeit an den Valéry-Übertragungen. »Duineser Elegien«, »Die Sonette an Orpheus«.

1924 Valmont sur Territet: Erster Klinik-Aufenthalt. Gedichte in französischer Sprache. Muzot: Besucher: Paul Valéry, Clara R.-Westhoff. Mit der Fürstin in Bad Ragaz. Lausanne, Muzot, Valmont.

1925 Valmont. Von Januar bis August: Paris. Ragaz, Bern, Muzot: R. schreibt sein Testament und verbringt seinen 50. Geburtstag allein in Muzot. Valmont. »Paul Valéry: Gedichte« Übertragung.

1926 Valmont bis Anfang Juni. Muzot, Ragaz, Lausanne, Anthy: Treffen mit Valéry. Muzot. »Vergers«, ein französischer Gedichtband, erscheint. 30. November: Valmont. 29. Dezember: R. stirbt an Leukämie.

1927 Am 2. Januar Beisetzung in Raron. »Les Roses«, »Les Fenêtres«, »Paul Valéry: Eupalinos oder Über die Architektur...« Übertragung. »Gesammelte Werke«, Bd. 1–6.

Rilke im Insel Verlag

Sämtliche Werke

Herausgegeben vom Rilke-Archiv. In Verbindung mit Ruth Sieber-Rilke besorgt durch Ernst Zinn. Ausgabe in 6 Bänden. Band I: Erste Gedichte. Die frühen Gedichte. Die weiße Fürstin. Die Weise von Liebe und Tod des Cornets Christoph Rilke. Das Stunden-Buch. Das Buch der Bilder. Neue Gedichte. Der Neuen Gedichte anderer Teil. Requiem. Das Marien-Leben. Duineser Elegien. Die Sonette an Orpheus. Band II: Verstreute und nachgelassene Gedichte aus den Jahren 1906–1926. Gedichte in französischer Sprache. Band III: Leben und Lieder (1894). Christus-Visionen (1896). Dir zur Feier (1898). Frühwerke in ursprünglicher Gestalt. Jugendgedichte aus dem Nachlaß (bis 1905). Band IV: Frühe Erzählungen und Dramen (1893–1902). Band V: Worpswede. Rodin. Besprechungen, Aufsätze und Betrachtungen (1893–1905). Band VI: Malte Laurids Brigge, Kleine Schriften (1906–1926), ›Gedichte in Prosa‹ und Verwandtes.

- Werkausgabe in 12 Bänden. Herausgegeben von Ernst Zinn.
- Geschenkausgabe in 6 Bänden. Einleitung Beda Allemann. Dekorüberzug im Schmuckschuber.

Einzelausgaben

- Aus dem Nachlaß des Grafen C. W. Ein Gedichtkreis.
- Ausgesetzt auf den Bergen des Herzens. Gedichte aus den Jahren 1906–1926. it 98
- Ausgewählte Gedichte. Mit Illustrationen von Max Slevogt. Faksimile-Ausgabe. Halbpergament.
- Briefe an eine junge Frau. IB 409
- Briefe an einen jungen Dichter. IB 406
- Briefe an Axel Juncker. Herausgegeben von Renate Scharffenberg.
- Briefe an Gräfin Sizzo 1921–1926. Herausgegeben von Ingeborg Schnack.
- Briefe an Sidonie Nádherný von Borutin. Herausgegeben von Bernhard Blume.
- Briefe an Nanny Wunderly-Volkart 1919 bis 1926. Im Auftrag der Schweizerischen Landesbibliothek unter Mitarbeit von Nikolaus Bigler, besorgt durch Rätus Luck. 2 Bde.
- Briefe in einem Band. Herausgegeben vom Rilke-Archiv. In Verbindung mit Ruth Sieber-Rilke besorgt durch Karl Altheim. 2. Auflage mit revidiertem Register. Vollständige Neuausgabe der früher zweibändigen Ausgabe.

- Briefe über Cézanne. Herausgegeben von Clara Rilke und mit einem Nachwort von H.W. Petzet. Bibliophile Ausgabe mit 16 farbigen Bildtafeln in limitierter Auflage. Im Schmuckschuber. – it 672
- Briefwechsel in Gedichten mit Erika Mitterer.
- Briefwechsel mit Lou Andreas-Salomé.
- Briefwechsel mit Anita Forrer 1920–1926. Herausgegeben und erläutert von Magda Kerényi.
- Briefwechsel mit Hugo von Hofmannsthal. Herausgegeben und erläutert von Rudolf Hirsch und Ingeborg Schnack. Mit Faksimiles der Handschriften und einem Namensregister.
- Briefwechsel mit Inga Junghanns. Herausgegeben von Wolfgang Herwig. Mir einem Nachwort des Herausgebers, ausführlichen Anmerkungen, Personenregister.
- Briefwechsel mit Katharina Kippenberg.
- Briefwechsel mit Helene von Nostitz. Herausgegeben von Oswalt von Nostitz.
- Briefwechsel mit Marina Zwetajewa und Boris Pasternak. Herausgegeben von Jewgenij Pasternak, Jelena Pasternak und Konstantin M. Asadowskij. Aus dem Russischen von Heddy Pross-Weerth.
- Das Buch der Bilder. it 26
- Das Marien-Leben. IB 43
- Das Stunden-Buch. Gedichte. – Mit einer Titelzeichnung von W. Tiemann.
- Das Tagebuch Goethes und Rilkes Sieben Gedichte. Erläutert von Siegfried Unseld. IB 1000
- Das Testament. Faksimile der Handschrift.
- Der ausgewählten Gedichte erster Teil. IB 400
- Der ausgewählten Gedichte anderer Teil. IB 480
- Die Aufzeichnungen des Malte Laurids Brigge. – it 630.
- Die Dame mit dem Einhorn. Herausgegeben und mit einem Nachwort von Egon Olessak. Mit zwölf farbigen Abbildungen. IB 1001
- Die drei Liebenden. Die Liebe der Magdalena. Portugiesische Briefe – Die Briefe der Marianna Alcoforado – Die vierundzwanzig Sonette der Louïze Labé. it 355
- Die Sonette der Louïze Labé. Lyoneserin 1555. Aus dem Französischen übertragen von Rainer Maria Rilke. IB 222
- Die Weise von Liebe und Tod des Cornets Christoph Rilke. IB 1
- Duineser Elegien.
- Duineser Elegien. Sonette an Orpheus.
- Gedichte. Aus den Jahren 1902 bis 1917. Mit Illustrationen von Max Slevogt. it 701
- Geschichten vom lieben Gott. – it 43. 1973.
- Neue Gedichte und Der neuen Gedichte anderer Teil. it 49

- Requiem. Für eine Freundin. Für Wolf Graf von Kalckreuth. Auf den Tod eines Knaben. IB 30
- Sämtliche Gedichte in französischer Sprache. Herausgegeben im Auftrag des Rilke-Archivs von Ernst Zinn und Karin Wais.
- Tagebücher aus der Frühzeit.
- Über den jungen Dichter und andere kleine Schriften aus den Jahren 1906 bis 1926 in zeitlicher Folge. it 340
- Übertragungen. Herausgegeben von Ernst Zinn und Karin Wais.
- Wladimir, der Wolkenmaler und andere Erzählungen, Skizzen und Betrachtungen aus den Jahren 1893–1904. Ausgewählt und zusammengestellt von Volker Michels. it 68
- Zwei Prager Geschichten. Herausgegeben von Josef Mühlberger. Mit Illustrationen von Emil Orlik. it 235

Chronik von Rilkes Leben und Werk. Von Ingeborg Schnack. 2 Bde.

Rilkes Leben und Werk im Bild. Von Ingeborg Schnack. Mit einem biographischen Essay von J. R. von Salis.
- it 35.

Katalog der Rilke-Sammlung Richard von Mises. Bearbeitet und herausgegeben von Paul Obermüller und Herbert Steiner unter Mitarbeit von Ernst Zinn.

Romane, Erzählungen, Prosa

Apuleius. Der goldene Esel
Mit Illustrationen von Max Klinger zu »Amor und Psyche«. Aus dem Lateinischen von August Rode. Mit einem Nachwort von Wilhelm Haupt. it 146.

Honoré de Balzac. Die Frau von dreißig Jahren
Deutsch von W. Blochwitz. it 460
– Beamte, Schulden, Elegantes Leben
Eine Auswahl aus den journalistischen Arbeiten. Mit einem Nachwort herausgegeben von Wolfgang Drost und Karl Riha. Mit zeitgenössischen Karikaturen. it 346
– Das Mädchen mit den Goldaugen
Aus dem Französischen von Ernst Hardt. Vorwort Hugo von Hofmannsthal. Illustrationen Marcus Behmer. it 60

Joseph Bédier. Der Roman von Tristan und Isolde
Deutsch von Rudolf G. Binding. Mit Holzschnitten von 1484. it 387

Harriet Beecher-Stowe. Onkel Toms Hütte
In der Bearbeitung einer alten Übersetzung herausgegeben und mit einem Nachwort versehen von Wieland Herzfelde. Mit 27 Holzschnitten von George Cruikshank aus der englischen Ausgabe von 1852. it 272

Ambrose Bierce. Aus dem Wörterbuch des Teufels
Auswahl, Übersetzung und Nachwort von Dieter E. Zimmer. it 440
– Mein Lieblingsmord
Erzählungen. Aus dem Amerikanischen von G. Günther. it 39

Die Blümlein des heiligen Franziskus von Assisi
Aus dem Italienischen nach der Ausgabe der Tipografia Metastasio, Assisi 1901, von Rduolf G. Binding. Mit Initialen von Carl Weidemeyer. it 48

Giovanni di Boccaccio. Das Dekameron
Hundert Novellen. Ungekürzte Ausgabe. Aus dem Italienischen von Albert Wesselski und mit einer Einleitung versehen von André Jolles. Mit venezianischen Holzschnitten. Zwei Bände. it 7/8

Hermann Bote. Ein kurzweiliges Buch von Till Eulenspiegel aus dem Lande Braunschweig. Wie er sein Leben vollbracht hat. Sechsundneunzig seiner Geschichten.
Herausgegeben, in die Sprache unserer Zeit übertragen und mit Anmerkungen versehen von Siegfried H. Sichtermann. Mit zeitgenössischen Illustrationen. it 336

Romane, Erzählungen, Prosa

Emily Brontë. Die Sturmhöhe
Aus dem Englischen von Grete Rambach. it 141

Gottfried August Bürger. Wunderbare Reisen zu Wasser und zu Lande. Feldzüge und lustige Abenteuer des Freiherrn von Münchhausen. Mit Holzschnitten von Gustave Doré. it 207

Hans Carossa. Eine Kindheit und Verwandlungen einer Jugend
it 295/296

Lewis Carroll. Geschichten mit Knoten
Herausgegeben und übersetzt von W.E. Richartz. Mit Illustrationen von Arthur B. Frost. it 302

Miguel de Cervantes Saavedra. Der scharfsinnige Ritter Don Quixote von der Mancha
Mit einem Essay von Iwan Turgenjew und einem Nachwort von André Jolles. Mit Illustrationen von Gustave Doré. 3 Bände. it 109

Adelbert von Chamisso. Peter Schlemihls wundersame Geschichte
Nachwort von Thomas Mann. Illustriert von Emil Preetorius. it 27

James Fenimore Cooper. Die Lederstrumpferzählungen
In der Bearbeitung der Übersetzung von E. Kolb durch Rudolf Drescher. Mit Illustrationen von D.E. Darley. Vollständige Ausgabe. it 179 Der Wildtöter · it 180 Der letzte Mohikaner · it 181 Der Pfadfinder · it 182 Die Ansiedler · it 183 Die Prärie

Alphonse Daudet. Briefe aus meiner Mühle
Aus dem Französischen von Alice Seiffert. Mit Illustrationen. it 446
– Tartarin von Tarascon. Die wunderbaren Abenteuer des Tartarin von Tarascon.
Mit Zeichnungen von Emil Preetorius. it 84

Honoré Daumier. Robert-Macaire – Der unsterbliche Betrüger
Drei Physiologien. Aus dem Französischen von Mario Spiro. Herausgegeben und mit einem Nachwort versehen von Karl Riha. it 249